U0604017

朱小斌　陈近南

著

设计+

DESIGN +

企业的盈利工具

广西师范大学出版社

·桂林·

图书在版编目（CIP）数据

设计＋：企业的盈利工具／朱小斌，陈近南著．—桂林：广西师范大学出版社，2024.5
ISBN 978-7-5598-6868-8

Ⅰ．①设…　Ⅱ．①朱…　②陈…　Ⅲ．①企业利润－企业管理　Ⅳ．① F275.4

中国国家版本馆 CIP 数据核字 (2024) 第 070884 号

设计＋：企业的盈利工具
SHEJI+: QIYE DE YINGLI GONGJU

出 品 人：刘广汉
策划编辑：高　巍
责任编辑：冯晓旭
助理编辑：马竹音
装帧设计：六　元

广西师范大学出版社出版发行

（广西桂林市五里店路 9 号　　邮政编码：541004
网址：http://www.bbtpress.com）

出版人：黄轩庄
全国新华书店经销
销售热线：021-65200318　021-31260822-898
凸版艺彩（东莞）印刷有限公司印刷
（东莞市望牛墩镇朱平沙科技三路　邮政编码：523000）
开本：890 mm × 1 240 mm　　1/32
印张：7　　　　　　字数：150 千
2024 年 5 月第 1 版　　2024 年 5 月第 1 次印刷
定价：88.00 元

如发现印装质量问题，影响阅读，请与出版社发行部门联系调换。

前　言

当今世界正处于动荡的巨变之中，企业外部环境的不确定性逐年增大。纵观当前局势，主要发达国家货币超发，大宗商品价格大幅波动，全球多国陷入"通胀潮"，致使国际经贸秩序深度调整，反全球化逆流时有回潮。俄乌冲突持续升级，各领域"灰犀牛""黑天鹅"事件层出不穷，国际局势可谓错综复杂，对企业的生存与发展构成了极大的压力。

那该如何在危机中育先机，于变局中开新局呢？2021年，国家发布了《中华人民共和国国民经济和社会发展第十四个五年规划和2035年远景目标纲要》，各地政府也纷纷推出地方的发展规划，例如，上海印发了《上海建设世界一流"设计之都"的若干意见》，要求在2025年前，创意和设计产业总产出保持年均两位数的增长率，到2025年超20 000亿元，并明确提出"以设计驱动产业创新发展"。

从国家的角度出发，当前和今后一段时期是我国发展的重要战略机遇期，新科技和产业变革将持续发展。以数字产业化和产业数字化为核心内容的数字经济，以细胞免疫、基因编辑、合成生物学等技术突破和应用为代表的生物经济，以零碳低碳技术开发和推广等为代表的绿色经济，这三者正在重构产业链、供应链、价值链和创新链。加上不断拓展的深海、深空探测，以及脑机协同、人机互动、虚拟和增强现实等，未来产业在不断更新迭代。

我国已转向高质量发展阶段，物质基础雄厚，人力资源丰富，市场空间广阔，社会大局稳定，继续发展具有多方面优势和条件。但多数企业的创新能力不能适应高质量发展的要求，基础不稳固，收入分配差距较大，生态环保存在短板，承担社会责任方面还有弱项，迫切需要向可持续盈利、绿色、低碳方向发展。

此外，我们也需要看见新消费人群的产生和人口老龄化的趋势。根据第七次人口普查的结果，2020 年，中国 60 岁及以上人口为 2.64 亿人，占总人口的 18.7%，与 2010 年相比，上升了 5.44 个百分点。预计到 2035 年前后，我国将进入重度老龄化阶段。

从企业的角度出发，由于竞争，人们更倾向于使用相同的方法，做相同的事，争抢相同的人，但这也将使整个行业从暴利时代回归到微利时代，甚至是无利时代。当下，有一些"一停两难三困局"的中小企业濒临破产，它们增长缓慢，停滞不前；它们开源难，节流更难；它们的客流量、转化率、客单量都陷入了一方困局之中。其中，有些企业主思维较为全面，企业能做得长久一些；有些企业主资源较多，企业的日子能好过一些。但很多企业主都没能解决问题的根源，即可持续盈利。此外，大多数中小企业主只看到了"危"，而忽略了"机"。有些即使看到了机遇，也因企业自身陷入困境而无法自拔，更没了去抓住机遇的勇气，从而错失了发展的良机。那么，企业的出路到底在哪里？如果企业已经没有了发展前途，该如何体面地退出？如果大有发展机遇，又该如何认识和把握发展机遇？这就需要回到根源，立足企业，增强风险意识，发扬竞争精神，准确识变、科学应变、主动求变，趋利避害，奋勇前进。

当下，企业亟须设计"一套系统"，帮助自身摆脱困境、抓住机遇，实现可持续盈利。

"设计+"正是旨在用设计引领企业生存与发展的一整套系统。过去企业的设计，更倾向于产品外观设计，而"设计+"不是简单的设计，它是企业未来变革的方向，是重塑企业存在意义的重要战略手段。面对残酷的竞争环境和时代赋予企业的发展机遇，企业可以用"设计+"构建自身的竞争力，超越市场上的竞争对手。

在这本书里，我们将20多年来面对企业"设计+"的研究成果倾囊相赠，帮助大家了解"设计+"的理念，利用"设计+"构建属于自己的模板与结构，并结合自身的经验，以实现企业发展的可持续盈利。

"设计+"，为创造企业可持续盈利而存在。

目 录

第一章 "设计 +"的背景

第二章 对"设计 +"的解读

第三章 "设计 +"引领企业发展

"设计 +" 的背景

第一节　什么是"设计 +"

一、"设计 +"的含义

"设计"这个词，在大多数人的心里，仍局限于产品设计、外观设计。在本书中，我们用"设计 +"来区别于过去的"设计"。"设计 +"与"互联网 +"这类词语有相似点，这也进一步说明，"设计 +"与企业的融合方式有相似的地方。"设计 +"是企业家采用设计思维与技术来实现企业可持续盈利的工具。

在普遍的认知里，企业的设立大多是以营利为目的的。即使我们做了大量的管理工作，做好了品牌，提升了产品质量和产品科技含量，丰富了企业文化，最终也有可能导致成本增加、企业亏损，甚至有可能在苦苦支撑之后，仍避免不了倒闭的结果。因此，企业家在当下更需要关心的是关乎企业盈利的问题，也是关乎企业生存的问题。

另一种情况是，企业的盈利很多，但是盈利模式不能持久，最终还是避免不了倒闭的结果。例如，企业拥有丰富的矿产资源，但终有卖完的一天，到那时企业难免停止运作。而这与企业家努力不努力，其实并没有必然的关系。也有人说这是偶然的，其实偶然性与必然性是联系在一起的，偶然的是事件，必然的是规律。偶然性之中隐藏着必然性。

那么企业要何去何从？要如何渡过危机？都说"危"中有"机"，如果有"机"，"机"在哪里？如何"干"？如果像有些人所说，现在是过去十年中最差的一年，也是未来十年中最好的一年，需不需要收缩业务，精简人员，准备"过冬"呢？

有人说，当下时代是 VUCA 时代。不稳定（Volatile）：客户今天喜欢这个风格，明天喜欢那个风格，流行的时尚、消费习惯不断地在变化；不确定（Uncertain）：什么产品能成功，企业自己也不知道；复杂（Complex）：决定消费习惯的因素很多，购买一样产品可能是因为网红带货，可能是受朋友推荐，也可能是因为一时兴起；模糊（Ambiguous）：许多客户的需求是隐性的，像隔了一层纱，企业看不清楚。

也有人说当下时代是 CHAOS（混乱）时代。其实，无论 VUCA 时代也好，还是 CHAOS 时代也好，都是社会进步的结果，都源于技术的驱动，以及价值观的开放和多元。如果只是站在现在看未来，当然是雾里看花，但如果站在现在看过去，甚至站在未来看现在，就可以看得明明白白、清清楚楚了。

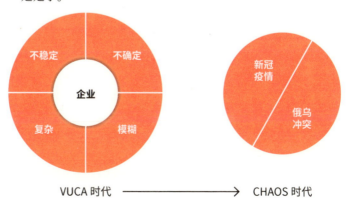

VUCA 时代 ⟶ CHAOS 时代

"设计+"是在当下时代，企业可持续盈利的解决方案。

现在，国家通过《中华人民共和国国民经济和社会发展第十四个五年规划和2035年远景目标纲要》已经为我们指引了明确的方向，企业的任务就是融入国家的大战略中，同时实现自己的小战略。企业家要活在未来，用未来引领现在。"设计+"就是在当下这个时代，企业实现安全的、可持续盈利的最佳解决方案。

本书以"设计+"理论为基础，结合国家发布的《中华人民共和国国民经济和社会发展第十四个五年规划和2035年远景目标纲要》及上海发布的《上海建设世界一流"设计之都"的若干意见》，通过一些典型的商业案例，为企业家提供一个完整的、企业可持续盈利的解决方案。

设计的本质是以"以人为本"来解决问题。设计思维更加是一种以人为中心来考虑问题的思维方式。根据马斯洛的需要层次论，当人们已经解决了生理需要和安全需要，接下来随着社会发展趋势的演变，人会有更多对归属感、荣誉感、自我实现等方面的需要。而且，随着"互联网+"深入各行各业，消费者和生产商将史无前例地通过各种媒介、触点，进行更有体验感的互动，这会触发各行各业的迭代。因此，在这种大背景下，每一个企业的发展都应该回归到"以客户为中心，以人为本"这样的理念上，同时对企业进行定位，并做相应的系统思考。

对于"设计+"，企业该如何让其为自己所用？这种新业态、新模式和行业、企业的未来交融在一起，如果说十几年前的"互联网+"是在链接一切行业，那么"设计+"就是在引领一切行业。也可以说，在"互联网+"的基础上，"设计+"将会发挥更大的作用。

对当下的企业而言，"设计+"比"互联网+"更为重要，应用的需求也更为迫切。而对社会而言，要满足人们日益增长的物质消费与精神消费需求，从而点亮民众的美好生活，也需要用设计来引领。在这方面，中国一些一线城市已经走在了前端。

2022年1月20日，上海发布《上海建设世界一流"设计之都"的若干意见》，指出将设计理念和设计服务全面融入贯穿于城市的产业发展、空间环境、公共服务、民众生活和城市品牌这五个维度，发挥设计的创新驱动能力和泛在赋能效应，在驱动产业创新发展、打造活力城市空间基础上，优化城市公共服务、点亮民众美好生活，并聚力共铸上海城市品牌。该意见给出了明确的时间表及主要目标，要求到2025年，创意和设计产业总产出超20 000亿元。这里的设计已经不是大多数人心里的产品设计和外观设计了。

未来，"设计+"一定会成为每家企业的标配。

1."设计+"的发展层次

"设计+"的发展层次有如下几个方面。

首先，是从产品设计到商业设计。我们过去所提及的设计，如建筑门类的设计，包括建筑设计、结构设计、室内设计、景观设计、家具设计、灯光设计等；与视觉相关的设计有VI

设计、UI 设计、包装设计、动画设计等。大学里开设的设计类专业有几十种，包括艺术设计、视觉传达设计、环境设计、产品设计、服装设计、艺术设计、数字媒体设计、陶瓷艺术设计、用户体验设计等。工业革命之后，人类获取知识的途径逐渐多样化。由于普通人很难达到上知天文、下知地理的程度，于是，人们找到了分科治学的方法，每个分科都会越分越细。这样的方法会导致一个人的一生，可能只在某个单一的专业领域里摸爬滚打。从 20 世纪 80 年代起，随着科技的迅猛发展和全球经济的一体化，跨国公司也逐渐开始在全球范围内寻找市场和劳动力，社会分工被拆解得越来越细。因此，我们现在谈及设计，就会认为是特指某一个门类或者某一个细分、专业化的设计领域。如果是非专业领域的企业家，可能认为"设计"只是一个工具，并且同自己没有特别密切的关系。但当下，一家企业通常需要有战略设计、商业模式设计、组织架构设计、薪酬设计等。因此，设计可以微观到一个具体的产品，也可以宏观到一个国家的整体战略。如更具体一些，在一家企业中，企业家就是企业生存与发展的总设计师。

其次，是从商业设计到盈利设计。市场上大多数的咨询公司，往往只能为企业提供策划方案。它们可以在合规方面做得很好，却并不能保证企业盈利。其实，这种现象不仅存在于咨询公司，也存在于企业内部。如果企业要求销售部提高销售量，销售部的负责人往往会要求企业增加投入，或者增加宣传力度。提高 20% 的销售额，可能需要增加 20% 的宣传费用，至于现实中销售额是不是会提高，则要看市场的反应。以至于一些企业家也认为，企业要发展，就是要先投资。由于没有抓住盈利这个牛鼻子，最后企业经营的业绩并不会有很大的改观，不但增加了大量的成本，而且最后也没有盈利，这种策划方案是不成功的。

从目前企业所处的情况来看，资金是最迫切需要的。一些企业家经常会说：现在的企业哪点都好，就是缺钱。如果有钱，企业有团队、有资源、有想法、有产品、有管理，就可以大干一场了。缺钱其实只是表面现象，如果只是头痛医头脚痛医脚，那么这样做炎症并没有消失，这只是正式治疗的开始。对大多数的中小企业来说，即使清楚问题出在哪里，也要先解决资金的问题，否则还没来得及做设计，企业已经倒闭了。但要明确的是，这笔钱不能用来扩大投资。

最后，是从盈利设计到可持续设计。企业做到一时盈利并不难，难的是长久地盈利。有一些项目公司，如设计师工作室、定制软件公司，虽然毛利率高，但是做完这一单，不知道下一单在哪里，盈利不持久。大多数企业都搞过促销活动，打折时客流如潮，可是活动一旦停止，生意如何继续？企业在发展过程中，会面临灾害、意外、司法冻结、人员变更等各种情况，这都涉及可持续发展的问题，可持续发展正是企业"设计 +"要解决的问题。

企业需要系统的、整体的设计，才能解决问题，摆脱困境。所以，这里谈到的设计不仅是一门具体的手艺或一种工具，更是一种全新的思考方式。《IDEO，设计改变一切》这本书表达了相似观点。第一，设计思维拓展了设计的应用范围，我们必须用设计思维来解决企业难题，设计思维体现出的以人为本、寻求创新的方法，让我们能够另辟蹊径，更高效地解决问题。第二，设计思维不再是受过训练的职业设计师的专属技能，所有企业家都可以掌握这种思维模式和思维方法。全球一些具有影响力的科技公司，如苹果、谷歌、IBM 等，已经把设计列为经营企业的核心要素之一。

2. 什么是"设计"，什么是"设计 +"

"设计"这个词听起来很现代，但其实是一种很古老的人类活动。当人们开始利用周围的条件发挥创造力解决问题的时候，设计就开始了。在进化之路上，人们要解决的问题是无穷的，比如，用什么武器可以更好地打猎？怎样吃上热的食物？如何住得舒服一点？用什么工具来储存水？如何让动物帮我们提高种植庄稼的效率？如何解决重物的运输问题？门口有条河，怎样过去？人类最早的设计就是用最朴素的方式解决这些问题。

如果我们把"设计+"拆开解读，"设"就是大胆求设，以果决行，也就是我们要设定企业未来的目标。"计"是小心求计，盈利先行，就是计算、统筹，在众多方案中，如何通过计算成本效率、可落地性来实现目标。因此，设计的本质就是优雅、简洁、高效地解决问题。

那什么是"+"？"+"就是共创未来，携手同行（共创、共享、共赢）。前几年，"互联网+"在我们身边引发了前所未有的变革。虽然，互联网并不生产，也不创造，但是互联网加上所有行业之后产生的变化，以及带来的社会经济的发展，是我们每个人都能感受以及体验到的。那么，在未来的时代里，"设计+"同样会作为一个工具以及一种思维方式，引领每一个行业和每一家企业的发展。

"设计+"不会是停留在字面上的概念。未来，它对产业、经济和整个社会都会产生长远、深刻的影响，会推动一个新时代的到来。一言以蔽之，所有行业和企业，都值得用"设计 +"的思维方式重新思考。

二、为"设计 +"正名

我们都知道，"互联网 +""数字化"是企业转型升级的解决方案之一，"数字中国"是数字时代推进中国式现代化的重要引擎。对企业而言，"设计 +"更应该成为企业的最高战略。"数字化"还只是企业提高管理效率的手段，而"设计 +"是与企业盈利息息相关的。"设计 +"可以让"互联网 +""数字化"以最快的速度与企业融合，并在企业发展中发挥更大的作用。

1."设计 +"是传统精神的再发扬

中华民族传统精神再发扬，是中国设计的题中应有之义。到底什么是中华民族的传统精神？中华民族是具有伟大创新精神的民族，中国人民是具有伟大创造精神的人民、伟大奋斗精神的人民、伟大团结精神的人民、伟大梦想精神的人民。中国人民辛勤劳作，发明创造，产生了斗拱、四合院、苏州园林，以及嘉定蓝印花布、中国结，等等。发扬传统精神，要搞清楚哪些传统文化可以传承。比如，文房四宝是传统的，但是我们的书写不能回到古代，汉服和少数民族服装是传统的，但现在人们只有在节日的时候才穿。我们的祖先一直在创造，在批判地继承。原始人看到动物用石块可以敲开果子吃，他们也用石块敲果子，这是一种模仿。但慢慢地，他们看到了背后的本质，从而设计出了锤子。在没有锤子的时候，人们还会用砖头代替锤子，用木棍代替锤子，这就是抽象思维。唯有在模仿和学习中，才能找到事物的规律，我们要继承的也正是这种抽象思维，这就是传统精神的再发扬。

抽象，是抽内在的"神"，而不是学外在的"形"。传统精神通过"设计 +"是可以而且必然会再发扬光大的，那就是发其神，而不是发其形。用在企业管理上，过去我们讲究的是分工明确、制度完善、勤劳致富，现在我们讲究的是以人为本、部门公司化、公司平台化、平台创客化。管理形式虽然不同了，但归根到底，企业存在的意义还是解决为了谁、带领谁、去服务谁的问题。"设计 +"就是从内在的"神"出发，能让传统的精神再发扬，因为它们本来就是一脉相承的。

2. "设计 +"是"阵地战"，不是"游击战"

"设计 +"是为适应规模化服务的，不是为小作坊服务的。它需要理、工、文、艺术各个学科的配合。"设计 +"针对的

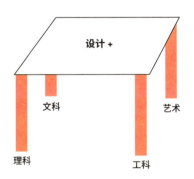

不仅是产品外观，不是 3D 打印一个模型，看一下效果就行，而是要全程跟踪，全程干预。

现代企业强调的是系统、团队、机制，强调分工前提下的合作，而不是小生产、小聪明、随机应变和英雄主义。这需要重新组织知识结构和产业链，而不只是做产品创新和产品改良，只有重新思考，重新定位自己，才能让中国的企业成为世界的榜样。

"设计 +" 是 "阵地战" "组合战" "集团战"，不是 "游击战"，不是 "打一枪换一个地方"。"设计 +" 是全局系统的设计，不是局部补洞式的设计。

3. "设计 +" 不等于艺术

在很多人眼中，设计师就是艺术家。直到今天，大多数的设计师仍然以艺术家的身份参与设计工作。设计的作品有艺术感，往往是对一个设计师的褒奖，但这其实不是正确的设计工作理念。艺术家表达的是自我，做自己擅长的事，以自我为中心。而设计师满足的是客户的需求，做实现客户价值的事，以客户为中心，这两者有根本的不同。在效果图软件上调整参数就能轻松呈现的大理石效果，在现实生活中要用很高的成本才能实现。对企业的商业设计来说也是一样，美化包装一个咨询设计方案并不难，困难的是这个方案要落地，可执行，在有限的预算条件下找到最合适的技术路径和实施团队，实施时才能简单、高效。

4. "设计+"不等于时尚，不是工艺美术式的点缀

时尚、流行一般是短期的、不长久的，而"设计+"不是，"设计+"追求长期的、可持续的发展。从感官刺激升级到精神愉悦，这是当下的设计应当考虑的。让产品从养眼到养心，这将是传统企业的一次设计转型的巨大机会。

5. "设计+"不等于技术，更不是包装设计

企业都要有自己的品牌，但是大多数品牌是有"品"无"牌"，一些企业的制造有"造"，没有"制"。这里的"制"指的是标准、流程、机器。通过设计，企业要有自己的"制"。

以前，很多人把设计等同于美化，这是不全面的，设计更要有自己的标准、流程。产品的参数不单是由技术决定的，更要符合人的需求，符合制造、流通、使用、回收的流程。技术只能提供一个性能参数，还需要靠设计以人为本的理念一起来引导研发。设计可以推动技术的创新，不是设计跟着技术改变，而是技术跟着设计改变。

第二节 为什么要"设计+"

一、企业盈利越来越难，要生存

1. 三个死结

企业缺少资金有许多外部因素，竞争、欠款、贸易战影响等，外部环境确实重要，但自身的思维也很重要。企业有两大要素：一个是收入，一个是成本。想要扩大收入，就要研究客流量、客单价、消费频次。增加客流的方法有送打折卡、送优惠券、送礼品，等等。如果人工成本提高，材料费上升，房租、水电费用上升，再加上价格下降，盈利就会很困难。

利润的公式是"利润＝收入-成本"，想要利润增加有两个办法：一是增加收入，二是降低成本。从财务的角度来看，成本有三种：第一种是固定成本，包括房租、水电费等，即使不营业也省不掉，还有一些会折旧；第二种是变动成本，就是生产需要的原材料、配件等的费用，这种成本一般是逐年上涨的；第三种是人工成本，也就是员工工资，根据国家要求，一般也是逐年上涨的。可以发现，固定成本、变动成本、人工成本，没有一个能降下来，那想要利润增加，只有一个办法，就是提高收入。

收入与三个因素有关：第一是价格；第二是数量；第三是消费频次。想要提高收入能不能提高价格？回答是不能。

市场竞争激烈的时候，提高价格只有死路一条。第二是数量，想提高收入，只有规模化，多卖产品。第三是提高消费频次，也就是拉回头客，做老客户的生意，想要达到这样的目标，要么促销，要么提升服务质量，但是这些都需要投入。

很多企业会把利润用在继续扩大规模上，以争取规模效应，这样可以降低固定成本。想提高利润，若以增加投资的方式，不一定会得到理想的结果，而且投资永无止境。如果竞争对手采用一样的策略，增加了投资也不一定能提高利润。

企业家周雷忠对这个现象进行了总结，企业有三个死结：投资没有出头，资产没有出口，利润没有出路。以"收入-成本=利润"为中心的传统企业，面临这三个死结。因为成本分为三大成本：人工成本、固定成本、变动成本。这三种成本当下都在上涨。想要利润高，那就只能增加收入。收入与三个因素相关：数量、价格、频次。在有竞争的情况下，提高价格和消费频次很难，提高收入唯有增加数量，换句话说，就是要规模化。规模化就是投资增加生产线。从这点来讲，企业扩大规模是被市场逼的，所以投资对这种企业而言没有出头之日。投资的生产线、设备厂房等各种资产每天都要贬值，最后成为一堆废品，所以说资产没有出口。最后想要利润增加，只有一条道路，就是增加投资，最后资产贬值，但万一遇到市场下行，利润就很难保证，所以说利润没有出路。

企业现在遇到困难，说明之前的经营存在问题，很多企业的问题是有共性的。

2. 错误使用了盈利模式

　　成本降不了，价格涨不了，那企业该如何做呢？其实是企业的盈利模式选错了。企业的盈利模式是过去多年沿袭下来的，一直没有变过，也没有觉得有什么不妥，为什么现在需要改变？因为现在外部环境改变了，竞争对手更多，网络更发达，买家也更聪明了，所以，企业做不到之前那样的高利润了。

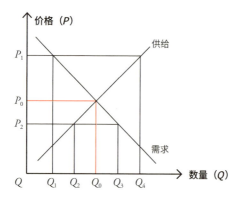

　　供求曲线告诉我们：在不同的阶段要用不同的盈利模式。

　　Q_1：供远小于求，投资不大，市场需求量大，产品进入暴利期。

　　Q_0：达到供求平衡，是均衡点，产品进入微利期。

　　Q_4：供远大于求，投资大，行业进入有壁垒，产品进入无利期。

　　在暴利期、微利期、无利期三个阶段，企业的外部环境是完全不同的，可是许多企业并没有随之调整盈利模式。过去的成功经验不能指导现在的盈利，因为环境发生了变化。

　　企业非常熟悉的是产品盈利模式，利用规模化来降低固定摊销，利用性价比来获得利润。但这样的盈利模式只适用于产品稀缺时代。在产品过剩时代，产品盈利模式更适合超大公司、世界 500 强的公司，其他公司就要采用其他的盈利模式，比如品牌盈利、平台盈利、系统盈利、资源盈利、金融盈利等模式。品牌的盈利，就是"越卖越贵"，但是如果企业不知道"贵"背后的原因，就难以卖得贵。许多企业都有品牌，但有一些是有"牌"没有"品"，虽然披着一个品牌的外衣，却在使用产品盈利模式，而没有用品牌盈利模式。

　　在常压下，液态的水加热到 100℃时就开始沸腾，迅速变成水蒸气；在常压下，液态的水在 0℃时凝结成冰。企业也一样，如果竞争环境变了，盈利模式也要跟着改变，盈利模式不变是导致企业陷入困境的主要原因之一。

3. 熬，为什么不行

　　有的人说，熬过去，把竞争对手熬掉一半，生意就会好转。但是还有两点要考虑：首先，底层逻辑没有变，竞争对手也会这样想。其次，党和国家提出高质量发展。高质量通俗来说，就是员工高收入，产品高科技，政府高税收，企业生产可持续、绿色、环保、低碳。低质量发展就是员工低收入，产品竞争激烈，生产过程污染环境。

　　梳理一下政策的脉络，以窥一斑而知全豹。

　　2005 年，中国分期分批调低和取消了部分"高耗能、高污染、资源性"产品的出口退税率。

2009 年，《中华人民共和国劳动法》修改，企业用工成本大幅增加。

2018 年前后的"环保风暴"，对很多企业都有重大影响。

2023 年，金税四期正式上线，"以数控税"将代替过去的"以票控税"。

国家通过一系列政策来提高员工工资水平，虽然增加了企业成本，淘汰了一部分落后企业，但实际上是催促企业不断发展进步。如果企业还在低质量发展，熬，也解决不了企业的困境。

外部环境不稳定、不确定、复杂、模糊，市场上"大鱼吃小鱼，快鱼吃慢鱼"是常态。由于生存环境越来越恶劣，企业盈利的压力越来越大，甚至有亏损、倒闭的风险，所以有大批的企业家选择去商学院学习，试图从中找到答案。

二、在传统的商业教育培训中找不到答案

企业家在各大商学院、总裁班、培训班能学到各种企业经营理论与观点，但是学成归来实践的结果，往往不尽如人意，因为学到的理论都是模块化的、局部式的、补洞式的，是优化思维的表达。从而导致这些理论只是听起来有道理，并不能解决企业的根本问题。商学院将这种模块化的思维方式演绎得非常完美，按模块化的方式来设置课程，找最好的教授来教，可以说这些课程都是珍珠，但是缺少一根线将彼此串联起来——没有人能告诉企业家如何盈利。

以城市规划为例，早期人们认为：城市有四大功能——居住、生产、游憩和交通，把居住区、生产区、游憩区划分好，

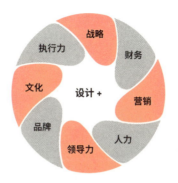

打通管理孤岛，串联起珍珠，解决商学院解决不了的盈利问题

再用交通这条线串联起来，城市规划就完成了。这造成了全球城市交通都出现了"单摆"现象，早上人们离开居住区来到工作岗位，下午又回到居住区，这就是负面的"单摆交通"。后来人们都知道，城市不是机器，城市是一个有机体，比机器复杂得多。现在我们进一步知道，城市不仅是有机体，而且还有生命，是一个生命体。2010 年，上海世博会选择以"城市，让生活更美好"（Better City, Better Life）作为主题，这是在人类历史上从来没有过的。这个主题进一步改变了人类的观念：城市是一个庞大的、复杂的、人造的生命体。这个生命体在不断演绎、迭代、智化中一次又一次前进，因此，上海世博会上创造了一个新的英文名词——"City Being"，"City Being 馆"也成了整个世博会中最大的 1 号馆，中文名叫"城市生命馆"[1]。

1　参见吴志强院士演讲："智慧城市反思与城市技术未来"。

三、企业管理上的一些"金句"行得通吗

下面从企业管理的八个方面来分析一些企业管理"金句"。

怎样辨别这些理论与观点呢？首先，假设它是对的，然后验证，看有没有反例，如果有反例，说明该理论观点是不对的，或是不全面的。如果不研究清楚就采取"拿来主义"的策略，会对企业造成伤害，甚至会带来灾难性的后果。

1. 细节决定成败

首先，假定这句话是对的。细节当然重要，否则大家也不会如此重视。

验证：企业家要管多细？精力够不够？财力够不够？管细节有没有止境？对于企业家而言，还有一句话：要抓大放小。这两句话是不是有矛盾？企业的事务，谁管宏观，谁管战略？什么是大事？战略就是大事。企业家要对公司的发展负责，要对员工的收入负责。有人认为，企业家有企业家的细节，这是对的，但我们讨论的是企业全局，不是企业家个人。

完美主义是商业的天敌，因为没有最好，只有更好，做好迭代，就是最好的。"细节决定成败"这句话更多的是对经营层团队来讲的。做企业家，要避免自己陷入具体的事务中，这样才能抽身出来整合社会的资源，设计企业的未来。

2. 方向不对，努力白费

有很多例子能证明这句话是对的，如南辕北辙。对企业而言，这句话真的对吗？

我们能不能保证做对每一件事？大多数人都做不到，犯错是一定的，犯错才能让我们成长。我们能不能保证每件事的方向都正确？显然不能。所以，这是一句正确的废话，没有办法应用。无论方向对不对，我们都要努力。即使方向不对，我们的努力也不会白费。比如创业，方向不对，投资失败了，这个创业团队是不是还在？他们是不是更有经验了？同样的错误再犯一次的可能性会小很多，他们再次创业，成功的概率就会大很多。

企业经营也一样，方向不对，但有了能力，努力就不会白费。大到国家也是一样，过去需要开山造田，现在要退耕还林。战争时代，多生育的妇女被称为英雄的母亲，后来要计划生育，而现在鼓励"三孩"。只从字面上看，方向是相反的，哪一个是对的？努力白费了吗？绝不是，那都是在特定的环境下，为了适应当时的环境做出的努力。

创业需要融入"设计 +"的思维，比如，一个家具厂老板，研究沙发用什么造型，表面用什么高科技材料，这是小方向。这是研究"具"，而研究"家"才是大方向。"设计 +"就是要引导企业来看大方向，更是要站在未来看现在，以果决行，人心才能聚集，事业才会成功。经过这样设计的企业，努力怎么会白费呢？

现在直播短视频很流行，许多生产厂商也参与了进来，短期来看，为了生存无可厚非，但是长期来看，这样破坏了生态，如果没有设计好，就会有较大的弊端。这一点已经逐步显现，原因是选错了盈利模式。工厂有工厂的盈利模式，渠道有渠道的盈利模式，平台有平台的盈利模式。跨界盈利非常好，但是要设计好。

3. 企业倒闭都是因为现金流断裂

假设这是对的，确实有许多企业因为现金流断裂而倒闭。

验证：根据古生物研究，最早的生命起源于 35 亿年前。在五次生物大灭绝事件后，只有很少一部分物种存活了下来。生物灭绝的原因非常多，究其根本，都是无法适应环境变化而造成的。比如，柯达公司发明了数码影像技术，但是没能运用自如，最终被时代抛弃，让人扼腕叹息。

总结：企业倒闭，现金流断裂是重要的原因，但究其根本，主要是企业不适应外部环境。"设计 +"的策略是由外及内的，首先要研究外部环境，再看企业应当以什么定位来适应时代，甚至引领时代。

4. 只有销售才能带来收入，花掉的钱都是成本

乍一听很有道理，假设这是对的。

验证：从以下两个方面来验证。首先，是不是只有销售才能带来收入？其次，花掉的钱都是成本吗？

企业收入分为主营收入与非主营收入。具体形式有销售

收入、劳务收入、转让财产收入、股息红利收入、租金收入、特许使用费收入、接受捐赠收入，以及其他收入。像征地补偿、政策补贴，都不是销售收入。

有些企业的主营业务没有收入。比如，微信、QQ，都是免费使用的。在互联网时代，免费的商业模式已是通识了，所以有了那句广为流传的话：羊毛出在猪身上，让狗买单。

那么，我们花掉的钱都是成本吗？显然不是，还有可能是投资。会计专业中有一个术语叫作费用资本化，花掉的费用根据具体的情况区分是成本还是资产。用个人和家庭来举例，为什么前些年很多人对投资房产热衷不已？正是因为虽然花了钱，但是认为房产保值、增值。虽然房租可能抵销不了全部贷款，但我们还是要购买。

总结：这句话是为了强调销售的重要性。对销售员来说，固然是一句真理，但是对企业家来说，就失之偏颇了。企业家需要更为全面地思考问题，企业一定要从单一的盈利模式转变为多元的盈利模式。

5. 企＝人＋止，离开人，企业就停止，人力资源最重要

假设这句话是对的。

验证：有这样一个故事，有一个人将螃蟹放在桌面上，研究螃蟹的听觉系统。当人大喊一声时，螃蟹吓得赶紧跑；再大喊一声，螃蟹又被吓跑。这时，有人将螃蟹的腿弄断，再大喊，螃蟹不动。最后经过多次试验得出结论：螃蟹的听觉器官在腿上。这就闹笑话了。

"企业不行了"与"人要走"到底谁是因，谁是果？往往是"企业不行了"，人才走。如果因为一个人走了，企业就"不行了"，说明这个企业没有流程和制度，是"人治"，是初级阶段的小企业。一个世界500强的企业，会不会因为一个人的离开而停止运作？不会。

总结： 这个故事告诉我们，用现象代替本质，很容易产生误导。人聚在一起，往往是因为有钱可赚，有事业可做。人走了，说明企业出了问题，如果不解决根本问题，只在留人上下功夫，是隔靴搔痒，而放过了真正的问题，这样下去，迟早有一天，企业会爆发更大的危机。

如果企业离开人，就停止运作了，说明企业没有抗风险能力，缺少"设计+"的扶持。企业如果盈利，人才可以另行招募，企业还可以运营；如果持续亏损，那就要面临倒闭的风险。

6. 你的成就取决于你的领导力

假设这是对的。

验证： 商学院常常教企业家聘用比自己水平高的人才，还常常引经据典：用师者王，用友者霸，用徒者亡。但是，如果连自己身边水平比较低的人都用不了，凭借什么去协同更高级的人才，这类人才为什么会追随你呢？对于大多数企业来说，这样做的操作难度比较大。

将北宋的宰相吕蒙正的《寒窑赋》分享给大家：

天有不测风云，人有旦夕祸福。蜈蚣百足，行不及蛇；

雄鸡两翼，飞不过鸦。马有千里之程，无骑不能自往；人有冲天之志，非运不能自通。

盖闻：人生在世，富贵不能淫，贫贱不能移。文章盖世，孔子厄于陈邦；武略超群，太公钓于渭水。颜渊命短，殊非凶恶之徒；盗跖年长，岂是善良之辈？尧帝明圣，却生不肖之儿；瞽叟愚顽，反生大孝之子。张良原是布衣，萧何曾为县吏。晏子身无五尺，封作齐国宰相；孔明卧居草庐，能做蜀汉军师。楚霸虽雄，败于乌江自刎；汉王虽弱，竟有万里江山。李广有射虎之威，到老无封；冯唐有乘龙之才，一生不遇。韩信未遇之时，无一日三餐，及至遇行，腰悬三尺玉印，一旦时衰，死于阴人之手。

有先贫而后富，有老壮而少衰。满腹文章，白发竟然不中；才疏学浅，少年及第登科。深院宫娥，运退反为妓妾；风流妓女，时来配做夫人。

青春美女，却招愚蠢之夫；俊秀郎君，反配粗丑之妇。蛟龙未遇，潜水于鱼鳖之间；君子失时，拱手于小人之下。衣服虽破，常存仪礼之容；面带忧愁，每抱怀安之量。时遭不遇，只宜安贫守份；心若不欺，必然扬眉吐气。初贫君子，天然骨骼生成；乍富小人，不脱贫寒肌体。

天不得时，日月无光；地不得时，草木不生；水不得时，风浪不平；人不得时，利运不通。注福注禄，命里已安排定，富贵谁不欲？人若不依根基八字，岂能为卿为相？

吾昔寓居洛阳，朝求僧餐，暮宿破窑，思衣不可遮其体，思食不可济其饥，上人憎，下人厌，人道我贱，非我不弃也。

今居朝堂，官至极品，位置三公，身虽鞠躬于一人之下，而列职于千万人之上，有挞百僚之杖，有斩鄙吝之剑，思衣而有罗锦千箱，思食而有珍馐百味，出则壮士执鞭，入则佳人捧觞，上人宠，下人拥。人道我贵，非我之能也，此乃时也、运也、命也。

嗟呼！人生在世，富贵不可尽用，贫贱不可自欺，听由天地循环，周而复始焉。

这篇文章让许多人产生了共鸣，我们抛开其消极的一面来看，文章也说明了一个人的成就不是必然取决于其领导力的，领导力不是必要条件，也不是充分条件。

总结： 这句话实际上是为成功找借口。领导力是天生的吗？从笔者的咨询经验来看，企业家的格局是表面的，主要取决于企业是盈利还是亏损，企业盈利，企业家格局更有可能大。人一生的成就往往取决于在关键时刻抓住了关键机遇，并做出了行动。"设计 +"正是企业面临的一个时代风口。

7. 公司会倒闭，只有品牌才能永生

假设这是对的。

验证： 改革开放后，我国的电视机厂有几万家，并且都有自己的品牌，但是现在我们还能记得的有几家？ 2000 年前后，国内各类做平台的企业有几万家，现在除了阿里巴巴、京东等，大家还能记得的有几家？在一些国家，常常会有企业成为行业里的"隐形冠军"，但是它们并没有自己的品牌。这说明国家有一套机制保障它们专注于工作，使它们甘于增

强系统背后的力量，为他人做嫁衣，融入更大的供应链中，从而成就传奇。

很多企业家都想自己做老大，不想被别人并购，所以要做自己的品牌。但是他们不一定清楚什么是"品"，什么是"牌"。很多企业也只有"牌"，没有"品"。

总结： 很多企业品牌没有树立起来，只是一个牌子。因为品牌根本不属于企业，而是存在于消费者的心里。品牌有诞生的那一天，就有消失的那一天，这是正常规律。真正的品牌是靠服务、靠沉淀建立和维护的，没有积累就谈不上品牌。

现在的消费者更加精明，并不容易为所谓的"品牌"买单。从许多平台的数据来看，有些没有品牌的产品或新生的品牌，只要有卖点，也可以卖得很好，这也是企业家的机会。

8. 经营企业就是经营文化，文化是土壤，人才留不住，是土壤的问题

假设这是对的。

验证： 有些企业把员工流失原因归结为福利待遇不高，没有企业文化，企业关怀不到位，所以为留住员工，在员工生日时送蛋糕、鲜花，办生日会聚餐，美其名曰"家文化"。许多人力资源主管对老板说，现在的年轻员工有个性，需要人性化、愉悦的工作氛围，要尽量让他们在公司感到家一样的温暖。可是当员工离职的时候，大多数还是要维权的，他们认为，企业怎么可能是家呢？

总结： 这样做的企业，往往只有当时的喧闹，最后一地鸡毛。对员工来说，最好的福利就是找更多优秀的人来跟他合作，促进他成长，帮助他取得更大的成绩。所谓"把员工照顾好，再让员工将顾客照顾好"，只是看起来有道理，却没有触及本质。

以上是现在社会上各大培训机构讲师经常讲的一些观点，试举了几例。这些似是而非的、认识不彻底的观点，会让企业家越学越迷惘。而且，这些讲师普遍没有经营过企业，本身对商业没有深刻的认识，怎么能培养企业家？真正一流的商人总是在步步求生。不想死，就要寻求生存空间。这是在培训机构学不到的。

企业家从培训机构学到的是应该怎么做和不应该怎么做。而这仅仅是基础的知识，离真正实现创造还很遥远。比如，培训机构的课程大多是将企业管理做模块化的切分，将企业管理分为营销、财务、生产、运营、人力等十几门课程。如果我们将人也按模块化分为肌肉、骨骼、皮肤、神经、内脏等，那拼在一起是不是就是一个正常的人呢？不一定。分完了，还要用内在的精神将各部分连接起来。这与城市规划面临同样的问题，缺少更深入的、全局的、系统的设计。

其实好的企业就是最好的商学院。中国大部分商学院以传统的知识型教学为主，而本书要讨论的是引导企业家关注"设计+"的能力。中国的企业有中国的特色，企业家要学习从大局观出发，学习理论后，消化吸收，然后再将"设计+"应用到自己的企业中来。我们在各大培训课上学到的理论案例，较为浅显，不能学以致用。因为能作为案例的，都是特殊的，有代表性的。我们看战争史，凡是历史上有名的战争，无论古今中外几乎都是弱胜强、少胜多，如项羽的巨鹿之战、美日中途岛战役，因为只有特例才值得学习。以十人胜一人，并无特殊之处，所以不需要记录，但以五万人胜四十万人，这绝非易事，所以项羽在巨鹿一战中"封神"，而这次战争也被记录下来供后人学习。

书中的案例许多都是特定条件下的产物，而非工作、生活中的常态。学以致用，不是直接用，而是要学习其中的精髓后方能使用。以少胜多，以一打十，若非思虑周全，还是无用。例如，战争中的游击战，自身人数五倍、十倍于敌军时才可一战；两倍、三倍于敌军时，要保存实力；华为营销战略中的饱和式攻击，也是同样的道理。

所以，我们在培训班学习，看起来每个方面都学了，但都是机械式的、模块化的、局部式的、补洞式的，往往只有短期的效果。所以我们说，在培训班学不到帮助企业脱离困境的解决方案。

但是好的企业设计师并不容易找到。

目前，"设计 +"用全局式、系统性、以果决行的思维来为企业提供解决方案。这也就是企业为什么要像前几年的"互联网 +"一样应用"设计 +"。我们要回到企业的根本需求来思考问题。

来看一个案例：MBA 为什么能成为击垮美国安然公司的重要因素？

20 世纪 90 年代，美国安然公司每年要吸收 250 名新毕业的 MBA（工商管理硕士），当时的公司首席执行官杰夫·斯基林（Jeff Skilling）毕业于哈佛大学商学院，推行一种被称为"压力锅"的企业文化，鼓励冒险，由股价的涨落来评定高级管理人员的业绩，赢者升迁，而失败者则会被迫离开公司。安然公司曾在年度报告中用一句话来描述这种企业文化："我们只重结果。"

心理学家发现，MBA 通常具有共同的特点——精力充沛、高度自信又富于魅力，因此总能左右逢源。但这类人总是拒绝接受别人的意见。更致命的是，由于他们在做出判断时显得那么确信无疑，因此也更容易取得他人的信任。但当处境艰难时，这类人往往不知该如何面对，他们不愿公然承认自己的错误，因而有时会选择撒谎。

这种环境导致公司在投资和会计程序方面存在很大的风险，其结果就是虚报收入和隐瞒越来越多的债务问题。在 1997 年到 2000 年的 3 年，安然公司虚报了近 6 亿美元的盈利，于 2001 年年底宣告破产。

可以说，我们在传统的商学院学习中，找不到企业真正需要的答案。

四、高质量发展的要求

高质量发展是必然趋势。在物质比较匮乏的时代，我们对产品的质量要求不高，也谈不上工匠精神。到了物质极大丰富的时代，产品质量的竞争更激烈，也就更要谈工匠精神了。但是精神需求层面的产品，竞争才刚刚开始，这是企业的机会。

我们以前需要衣服，是为了遮体、御寒；现在买衣服，需要的是品位、气质。

我们以前需要食物，是为了充饥、果腹；现在的饮食，需要的是健康、仪式感。

我们以前家里装修，图的是功能、便宜；现在家里装修，需要的是环保、美观。

我们以前的出行，车是自购、独用；现在出行，用的是共享单车、打车软件。

国家有关部门总结了高质量发展的几个特征[1]。

高质量发展是以人民为中心的发展。人是经济体系的基本组成部分，涉及需求和供给两个方面，既是消费主体，又是生产和创新的主体，是最具活力的生产要素。满足人民需要是社会主义生产的根本目的，也是推动高质量发展的根本力量。我国经济的新增长点、新动力蕴含在解决好人民群众普遍关心的突出问题中，产生于人力资本质量提高的过程中。高质量发展就是要回归发展的本源，实现大多数人的社会效用最大化。

高质量发展是宏观经济稳定性增强的发展。经济增长往往呈现周期性波动，但大起大落会破坏生产要素和社会财富。从各国经济增长史看，一些高速增长的经济体，经济大起之

1　节选自 2021 年 11 月 24 日《人民日报》文章《必须实现高质量发展》，作者：刘鹤。

后出现大落，往往一蹶不振。在世界面临百年未有之大变局、全球经济充满不确定性的条件下，宏观稳定成为稀缺的资源。高质量发展要更加注重从供给侧发力，通过优化经济结构提升经济稳定性。

富有竞争力的企业是高质量发展的微观基础。高质量发展必须把培育有核心竞争力的优秀企业，作为各类经济政策的重要出发点，真正打牢高标准市场体系的微观基础。企业好经济就好，居民有就业、政府有税收、金融有依托、社会有保障。

高质量发展是创新驱动的发展。习近平总书记指出，要坚持创新在我国现代化建设全局中的核心地位。党中央把创新的重要性提升到前所未有的高度。创新驱动是高质量发展的一个定义性特征，高质量发展就是创新作为第一动力的发展，只有创新驱动才能推动我国经济从外延式扩张上升为内涵式发展。

高质量发展要坚持市场化法治化国际化。高质量发展需要强化市场机制，形成良性竞争，降低制度性交易成本，建立统一开放、竞争有序的高标准市场体系。社会主义市场经济本质上是法治经济，必须以保护产权、维护契约、统一市场、平等交换、公平竞争、有效监管为基本导向，完善社会主义市场经济法律制度，为市场主体活动提供公正、稳定、可预期的法治环境。

高质量发展是生态优先绿色发展。绿色是高质量发展的底色。习近平总书记反复强调，"绿水青山就是金山银山"，山水林田湖草沙是一个生命共同体，要一体化保护和系统治理。推进重要生态系统保护和修复重大工程，构建生态安全屏障体系。

在企业高质量发展的问题上，我们必须要系统地、全面地引入"设计+"的思维。

第三节　时代的发展

一、工业化大生产、分工合作之势

　　亚当·斯密在《国富论》中已经分析了分工合作会带来社会财富增加的原理，同时也揭示了分工合作是随着社会的发展而产生的必然趋势。现在两个人见面时可能会问：你在什么行业？什么公司？做什么工作？本质上其实是在问：你解决了什么需求，得到了什么分工，在分工里面你又是什么样的层级。

　　为什么社会分工越来越细？其实，这个复杂的过程就是今天我们所能看到的从一个简单的需求演变为行业、组织、职位的过程。用一支铅笔举例，铅笔的原料非常复杂。笔杆用的是一种叫雪松木的木材；笔杆上的油漆有六层；油漆中含有硝酸纤维素和合成树脂等复杂成分；笔芯里除了石墨，还有黏土和滑石粉；笔上端的金属圈是用黄铜制作的；里面

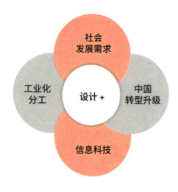

红色橡皮的红色颜料是硫化镉。这些原料来自世界各地。

铅笔的制造工艺也很复杂。比如,制造笔芯首先需要将石墨与黏土等按一定比例配好,然后将配好的原料放入机器中混匀,并通过压芯机挤压出一定规格的铅芯,再经加热干燥和高温焙烧使其具有一定的强度和硬度,最后还要进行油浸处理。仅笔芯制造就需要这么多工序,那么深究下去,一支铅笔的生产流程到底有多复杂?有多少人参与一支铅笔的生产?有成千上万人。

这就是现在从基本的需求到基本分工,到复杂世界下的复杂分工,到今天整个职业世界的由来。

相比于之前较为简单的分工,如今的世界存在一个个复杂的分工关系网。每个看似普通的需求背后,都藏着一个十分复杂且庞大的分工链条。看似日常的在网上订外卖的过程,实际上是将生产、销售、支付、金融系统、物流、客服等数个复杂行业进行了对应的整合。而如果拆开来看,仅在支付、金融系统、物流等行业,就有无数个环节要确保在流程执行过程中不会出错,而在具体的执行过程中,又有无数新的问题需要处理。有的环节步骤十分重要,如金融,上至国家政策,下至普通民众,在这个环节中需要思考的问题都十分重要,牵一发而动全身。而有的环节可能稍显轻松,如在扫码支付的时候,既可以选择支付宝,也能选择微信。

人的需求对应着不同的分工链条,而每个行业的链条都是靠一些简单的需求与复杂的分工法则建立起来的。但是回到源头,不管这个链条上需要解决的问题有多么复杂,其实在分工过程中只有两个核心问题需要注意。一是满足什么需求。这意味着你会进入怎样的行业，今后的赛道有多远。二是获得什么分工。这意味着你在公司是什么职位，今后的赛道有多宽。毕竟职场的本质就是交换，所以只有背后的需求具有高价值，你所选择的行业才具有高价值。而分工又是稀缺的，只有当你的职位具有高价值，你才会具有高价值。

企业通过集中化，提高劳动的社会生产力和规模效益；通过社会分工，实现专业化，提高劳动的个别生产力和专业生产水平。企业的集中化主要有三种形式：第一种是建立在专业化基础上的集中和垄断，如微软公司、英特尔公司；第二种是以企业内部的分工为特点的集中，如阿米巴模式；第三种是跨行业、跨部门的"混合共享"，这是一种混合一体化。正是通过这些不同形式的一体化，企业规模才得以扩大。企业规模的扩大，有利于提高市场占有率，企业资产总量的增大，有利于实现资产形式的多样化，有利于增强企业的市场竞争力和应对市场环境变化的能力。特别是在市场竞争日趋激烈的情况下，企业规模的扩大有利于把相对较大的资本投入广告宣传中，从而扩大整个企业的社会影响，提高知名度，增加"无形资产"，这同样有利于增强企业的整体竞争力。

本书后面讲到的超级分拆工具，就是将企业内部的分工转化为社会分工的一大工具。企业专业化水平的提高，使企业之间生产的产品差别化程度提高，从而降低了企业的直接竞争强度。对于社会生产来说，如果说社会需求的变化和发展是没有极限的，那么专业化的发展同样也是没有极限的。

总之，生产的一体化和社会分工及专业化的发展，都是生产力发展的有效途径和方式。

就企业内部来说，一方面，还存在资本与劳动的对抗关系，工人的劳动不是自由自主的劳动，劳动同工人之间是一种异化关系，工人的劳动积极性和创造性不可能得到最大限度的发挥。但是，另一方面，企业内部的生产是有计划的、有组织的，它避免了市场关系中的盲目性，"专制"的管理形式也有利于减少市场关系中的"交易费用"。

企业家不能忽略了企业内部存在的劳资矛盾对企业规模扩张的抑制作用。劳资之间的对抗关系，使管理随着企业规模的扩大而日益困难，目前的企业在制度上需要用"设计 +"的方式从根本上缓解由此而产生的管理上的深刻矛盾。

二、社会主要矛盾的需求

党的十九大报告提出，我国社会主要矛盾已经转化为人民日益增长的美好生活需要和不平衡不充分的发展之间的矛盾。它与之前提出的社会主要矛盾是人民日益增长的物质文化需要同落后的社会生产之间的矛盾，是不同的。

物质短缺时代的温饱问题，通过生产力的大幅度提升和物质生产的较大幅度增长，得到了很好的解决。而目前我们面临的问题是生活需求与物质服务和经济、社会、政治、文化各方面发展的不平衡、不充分。我们已经告别过去的物质短缺时代，进入物质结构性的过剩和结构性不足并存的时代。一方面要解决物质生产过剩的问题，另外一方面要解决供给不足的问题和不平衡的问题。虽然物质上的供应已经比较充足，但是一些社会服务、公共服务却大量短缺，在健康、绿色发展方面还存在短板。把这些因素总结起来就会看到，我们的物质文化、社会、生活各方面的需求，以及美好生活的内涵已经发生了质的变化。

企业要思考的是，有些物质生产过剩了，还要不要再生产？有些生产还不足，可不可以去生产？有哪些产品和服务是跟我们的美好生活相关联的？

三、信息与网络技术的发展

信息与网络技术的发展让企业做品牌变得更容易。只要在小红书、抖音、B站、知乎等平台上持续输出内容，品牌就会得到推广。而很多企业主还在使用原来的逻辑，靠"地网"，靠销售人员，靠门店的导购推广。

大数据、人工智能、区块链这些信息与网络技术的力量需要企业重视起来，利用起来，打通"天网""地网""人网"。"天网"做内容、做宣传，"地网"做转化和服务，"人网"做传播、销售。"数字化"将这些链接整合到一起，供企业家决策参考。数字化的营销就是用户在线上搜索了某种东西，企业就可以抓取用户的数据，所以企业要有自己的数字化体系，有许多软件公司可以为企业提供这方面的服务，收费低廉，甚至可以是免费的，还有公司可以提供技术托管的服务。在企业内部管理上，ERP进销存、财务、供应链、情报收集等方面，信息与网络科技也给企业带来了翻天覆地的变化。可以说，数字化智能商业时代已经到来，现在企业的数字化，已经不是要不要做的问题，而是必须要做。国家也早已将数字化作为战略。《工业互联网创新发展行动计划（2021—2023年)》指出，"到2023年，工业企业及设备上云数量比2020年翻一番"，"工业互联网新型基础设施建设量质并进，新模式、新业态大范围推广，产业综合实力显著提升"。这意味着不仅大企业要"上云上台"，中小企业也将一起上。云计算将发挥更重要的作用。

四、全球设计之都发展现状

全球已被联合国教科文组织授予"设计之都"称号的城市已有40多个，"设计之都"的评定在很大程度上推动了当地的发展。有的城市实现了产业转型，有的城市开发了设计教育，有的城市带动了当地旅游。

1. 德国柏林

2006年1月，经联合国教科文组织认定，柏林成为欧洲第一座加入"联合国全球创意城市联盟"的城市。柏林大约有11 700人在时尚、产品及家具设计、建筑、摄影及视觉艺术等领域工作，大约有6700家设计公司创造了15亿欧元的年产值。环境、空间和良好的基础设施为创意产业和创新产品的发展提供了基础。"设计5月""柏林摄影节""时尚漫步""柏林AGI大会""内部动机设计研讨会"等都是该城市每年都会举行的主要创意活动，包豪斯博物馆、维特拉设计博物馆也让人们仰慕。这些极具竞争力的条件吸引了各个领域的创意人群和公司，也为学生提供了设计课程。

2. 加拿大蒙特利尔

2006 年 5 月，联合国教科文组织授予蒙特利尔"设计之都"称号。蒙特利尔有 2 万多名设计师，市政府将设计作为战略核心，推出了包括"商业设计蒙特利尔"在内的一系列计划，成立了 3 个与设计相关的省级行政机构和一个共享政府级机构。自 2003 年起，该市资产在 2500 万美元以下的中小企业能将收益的 30%用于设计，而资产在 5000 万美元以上的大企业，用于设计的比例则是 15%。蒙特利尔有 11 项与艺术相关的重要活动，其中包括沙龙、国际电影艺术节和各种展览，如蒙特利尔艺术博物馆的艺术展、蒙特利尔国际国内艺术展、蒙特利尔时装周等。

3. 日本名古屋

2008 年 10 月，名古屋获得联合国教科文组织授予的"设计之都"称号。名古屋是日本第四大城市，是日本中部地区的政治、经济、文化和交通中心。早在 1989 年，名古屋就将设计作为发展的优先项目。自那时起，市政当局便专注于社区建设、产品生产和人力资源发展。多年来，名古屋组织过各种大型国际设计会议，如世界设计博览会，并建立了名古屋国际设计中心。该中心旨在通过多种举措推动设计产业的发展，其中包括支持年轻设计师创作的"创意商店"，用以展示一系列美国装饰艺术作品收藏的美术馆，以及一个供设计师和其他创作者使用的公开展览空间等。名古屋国际设计中心配备有多功能厅、研讨会议室，以及被命名为"设计实验室"的产业孵化办公室，为设计产业的发展提供全方位支撑。同时，它也带动了推动各类创意企业发展的国际网络。

4. 韩国首尔

首尔于 2010 年正式被联合国教科文组织认定为全球"设计之都"。首尔是韩国的首都，也是韩国的社会、经济和文化中心。作为全国设计产业的核心，约 73% 的韩国设计师集中在首尔。首尔市政府通过将设计公司与城市主导产业对接的方式，推动技术的发展。其中，特别引人注目的是于首尔最繁华、历史最悠久的区域创建的城市文化中心——由扎哈·哈迪德设计的东大门设计广场。这座用于设计与创意产业的大型综合基础设施重振了该区域的经济。近年来，仅首尔的设计产业就创造了超过 17 万个就业岗位。其中，1/3 集中在制造业和设计咨询领域，1/3 集中在时尚设计领域。

5. 意大利都灵

2014 年，都灵被联合国教科文组织授予"设计之都"的称号，成为创意城市网络的一员。都灵是意大利第三大城市，城市经济高度依赖机械和汽车制造。都灵市的 40 余所博物馆、巴洛克文化、建筑文化，最终使都灵成为全球知名的设计之都。

6. 新加坡

新加坡于 2015 年正式加入"设计之都"行列。设计产业在新加坡的发展过程中一直发挥着重要作用。新加坡是一个人口密集型城市，拥有约 550 万人口，因此该市的设计采用了智能化解决方案，以满足公民在住房、医疗保健、教育和交通方面的需求。设计领域是本地创意经济的主要驱动力。为了进一步引领设计领域的发展，新加坡文化部于 2003 年成立了现今著名的新加坡设计委员会，专门负责包括"新加坡设计周"（SDW）在内的与设计相关的主要项目和活动。新加坡已经完成了被称为"新加坡设计委员会 - II"的总体规划的制定，致力于发展设计领域。

五、中国设计行业现状

20 世纪八九十年代以来，中国经济一直保持着一种良好的发展势头，催生了设计创意产业的蓬勃发展，设计产生的经济效益越来越突出，市场上涌现了一些有影响力的、规模较大的设计公司，如浪尖设计、嘉兰图、白狐工业设计、木马设计、洛可可等。虽然我国设计行业凭借经济东风取得了长足发展，在北京、长三角地区、粤港澳大湾区，设计产业呈现出欣欣向荣的局面，但不可否认的是，在总体水平上与成熟的发达国家还有差距，这样反过来说明，我国设计行业仍然具有较大的发展潜力。

纵观全球，很多工业发达的国家为了应对复杂多变的市场竞争环境，提高国际竞争力，把设计作为国家和企业发展的核心，在产业政策和资金上给予了充分指引及支持。把目光投回到我国，最近十几年，我国也越来越重视设计产业，以提高中国制造业的竞争力，提高产品附加值，为企业创造更多的价值。未来 10 年，将是中国制造业实现由大到强的关键时刻，是真正实现由"中国制造"向"中国创造"提升的伟大时期。

"设计 +"是促进创新的重要手段，服务创新、品牌创新和价值创新的促进将调整产业结构的升级，提高自主研发创新能力。北京、上海、广州、深圳、武汉、重庆这些城市都在积极支持和鼓励企业提高设计的空间与能力。"设计 +"正日益受到重视。

1. 我国"设计 +"的人才现状

无可否认，很多理工科院校、艺术院校、职业院校开设了设计或产品设计等相关专业，每年培训出来的从业人员数以万计，还不包括很多从机械设计等行业半路出家、自学成才的从业人员。从数量上看，设计行业从业人员很多，但是从质量上看，市场上依然缺乏高端的专业人才，只有高端专业人才足够多才能更好地促进设计产业的发展。而且，我国设计行业的设计咨询业务从一开始的简单服务，到现在也已发展得越来越精细化、专业化，给从业人员提出了更高的素质要求和能力要求。

回到设计人才问题本身，有三个方面需要阐述。

第一个方面是教育培训问题。我国部分高校的设计专业还存在一定的优质师资力量不足、专业教学水平不高的现象，其基础教学程式化，缺少实战性锻炼环节。这就导致部分毕业生基本功不扎实，缺乏系统的应变能力和国际视野，从业能力还达不到企业的用人标准，无法胜任设计师的工作。因此，设计专业毕业生转行的现象屡见不鲜。

第二个方面就是设计人员（尤其指专门从事产品外观设计的设计师）能力提升的问题。设计需要美学感知能力，有些设计师的美学感知能力一直停留在某个水平不能提升，或者存在知识和能力老化的情况，不能与时俱进，造成与企业需求不匹配，最后苦于业绩被迫中途转行。

第三个方面，设计师还停留在设计产品外观阶段，还没有过渡到商业设计、可持续设计阶段，亟须培训。可是，在"设计 +"行业里，人才是稀缺的，"设计 +"人才的培养在这个行业的发展过程中会起到举足轻重的作用。

2. 我国"设计 +"相关产业政策及发展

国家"十一五"规划第一次将"发展专业化的工业设计"写入我国国民经济五年规划。

2010 年，工业和信息化部、教育部、财政部等联合发布了《关于促进工业设计发展的若干指导意见》，随后国务院出台《关于推进文化创意和设计服务与相关产业融合发展的若干意见》《国务院关于印发〈中国制造 2025〉的通知》。

2021 年，全国有 1100 余所高校开设了设计专业，每年毕业生近 30 万人。全国设计公司、工作室从 2000 年的数十家发展到了 2022 年的数十万家，省级以上设计行业组织 50 余个。

"十二五"规划进一步提出了"加快发展研发设计业，促进工业设计从外观设计向高端综合设计服务转变""推动研发设计、生产流通、企业管理等环节信息化改造升级，推行先进质量管理，促进企业管理创新"。深化提出了设计服务转型提升，支撑研发设计向高端综合集成设计迈进的方向。

"十三五"规划更进一步提出了"以产业升级和提高效率为导向，发展工业设计和创意、工程咨询、商务咨询、法律会计、现代保险、信用评级、售后服务、检验检测认证、人力资源服务等产业""实施制造业创新中心建设工程，支持工业设计中心建设。设立国家工业设计研究院""全面推行城市科学设计，推进城市有机更新"。

2016 年，工业和信息化部、国家发展改革委、中国工程院联合印发《发展服务型制造专项行动指南》。

2019 年，工业和信息化部等十三部门编制印发了《制造业设计能力提升专项行动计划（2019—2022 年)》。

2021 年发布的《中华人民共和国国民经济和社会发展第十四个五年规划和 2035 年远景目标纲要》从 5 个方面 7 次提到"设计"。"主动设计""研发设计""工业设计""硬件设计""众包设计""城市设计""整体设计"。

第四节　中国转型之势

一、国家"十四五"规划及 2035 年远景目标

1. 展望

《"十四五"规划和 2035 年远景目标纲要》指出："展望 2035 年，我国将基本实现社会主义现代化，经济实力、科技实力、综合国力将大幅跃升，经济总量和城乡居民人均收入将再迈上新的大台阶，关键核心技术实现重大突破，进入创新型国家前列。基本实现新型工业化、信息化、城镇化、农业现代化，建成现代化经济体系。基本实现国家治理体系和治理能力现代化，人民平等参与、平等发展权利得到充分保障，基本建成法治国家、法治政府、法治社会。建成文化强国、教育强国、人才强国、体育强国、健康中国，国民素质和社会文明程度达到新高度，国家文化软实力显著增强。广泛形成绿色生产生活方式，碳排放达峰后稳中有降，生态环境根本好转，美丽中国建设目标基本实现。形成对外开放新格局，参与国际经济合作和竞争新优势明显增强。人均国内生产总值达到中等发达国家水平，中等收入群体显著扩大，基本公共服务实现均等化，城乡区域发展差距和居民生活水平差距显著缩小。平安中国建设达到更高水平，基本实现国防和军队现代化。人民生活更加美好，人的全面发展、全体人民共

同富裕取得更为明显的实质性进展。"

2. "十四五"时期经济社会发展面临劳动力萎缩和老龄化的影响

在过去三十年里，中国经济始终保持两位数增长，同时也是全球经济发展速度最快的国家之一。经济的飞速发展让中国一跃成为世界第二大经济体，同时也成了全球最大的制造、出口国、外国直接投资接受国和外汇储备国。

过去几十年中，中国在对外出口和投资领域始终保持着强劲的发展势头，这成为推动中国经济增长的主要动力，而家庭消费所占份额却一直在减少。近年来，出口和投资的增长势头都有所减弱，并继续面临重大不利因素。在全球需求疲软的情况下，单位劳动力成本的快速上涨和实际有效汇率上升削弱了中国在低技能、劳动密集型制造业的竞争力。随着中国通过不断提升技术能力和向高附加值产业转型而变得越来越发达，廉价劳动力时代即将结束。中美贸易战和新型冠状病毒感染疫情肆虐的情况下，企业的外部环境正变得越来越不利。

过去的投资增长主要集中在重工业和住宅建筑业，导致产能大幅增长。全球金融危机爆发后，全球市场需求下降，而随着中国政府推出财政刺激计划，投资增长迅速，加剧了许多行业领域的产能过剩问题，导致企业的外部环境变得越来越不利。

劳动力人口不断萎缩和迅速进入老龄化社会这两大现

状，对中国经济的发展产生了深远影响。联合国预测，到2050 年，中国的劳动力人口将减少 30%。届时，平均 1 名退休人员将需要 2.2 名在职人员来供养，其结果是中国的人口状况将与当下的日本相似，企业用工成本越来越高。

3. 国家从高速增长阶段向高质量阶段转型

党的十九大报告中指出："我国经济已由高速增长阶段转向高质量发展阶段。"这是对我国经济发展阶段历史性变化的重大判断，是当前和今后一个时期明确发展思路、制定经济政策、实施宏观调控的基本依据。我国经济由高速增长转向高质量发展，这是必须迈过的坎，每个产业、每个企业都要朝着这个方向坚定往前走。

党的十九届五中全会进一步指出，"十四五"时期经济社会发展要以推动高质量发展为主题，必须把发展质量问题摆在更为突出的位置，着力提升发展质量和效益。

"高质量发展，就是能够很好满足人民日益增长的美好生活需要的发展，是体现新发展理念的发展，是创新成为第一动力、协调成为内生特点、绿色成为普遍形态、开放成为必由之路、共享成为根本目的的发展。"对国家而言，推动高质量发展，是保持经济持续健康发展的必然要求，是适应我国社会主要矛盾变化和全面建设社会主义现代化国家的必然要求，是遵循经济规律发展的必然要求。经济发展是一个螺旋式上升的过程，上升不是线性的，量积累到一定阶段，必须转向质的提升。20 世纪 60 年代以来，全球 100 多个中等收入经济体中只有十几个成为高收入经济体。那些取得成功的国家和地区，就是在经历高速增长阶段后实现了经济发展从量的扩张转向质的提高。中国特色社会主义进入新时代，我国社会主要矛盾发生了重大变化，发展不平衡不充分的问题更加突出，发展中的矛盾和问题集中体现在发展质量上。同时，世界新一轮科技革命和产业变革正在重构全球创新版图、重塑全球经济结构，这是我国推动高质量发展千载难逢的历史机遇。适应新形势新任务，推动高质量发展，不仅要重视量的发展，更要重视解决质的问题，在质的大幅提升中实现量的有效增长，为全面建设社会主义现代化国家奠定坚实基础。

推动高质量发展，就要以新发展理念为统领，加快建设现代化经济体系，这是我国发展的战略目标。实现这一战略目标，必须坚持质量第一、效益优先，以供给侧结构性改革为主线，推动经济发展质量变革、效率变革、动力变革，加快建设实体经济、科技创新、现代金融、人力资源协同发展的产业体系，着力构建市场机制有效、微观主体有活力、宏观调控有度的经济体制，不断增强我国经济创新力和竞争力，让高质量发展之路越走越宽广。

对企业而言，所谓高质量，就是员工工资高、福利高，缴税多，科技含量高，规模大。所谓低质量，就是员工工资低、没有科技含量、规模小（注意：个体户与艺术家不包括在内）。从高增长阶段到高质量阶段过渡，就是要淘汰一批低质量企业，所以企业要以此为依据，提前做好准备。

二、新型冠状病毒感染疫情加速中国经济转型

新型冠状病毒感染疫情加快了中国经济转型的速度。原来不知直播为何物的工厂开始搞短视频和直播，原来不在线上销售的产品也学会了团购。但是，正如人们所看到的那样，许多企业面临产品老化、技术更新换代动力不足的问题。如何借助现代网络，实现经济转型；如何借助数据，加快传统产业的数据化，这是当下企业面临的重大课题。

以前，许多企业面对数字经济还有些无所适从。一些企业安于现状，不愿意通过产品更新换代，提高生产效率，依靠科技创新为产品增加附加值。重大疫情迫使一些企业不得不改变传统的经营方式，一些企业已经意识到，生产要素组合方式必须改变，只有充分利用机器人等辅助工具，提高生产效率，才能解决人力资源不足的问题。安徽、浙江、广东等制造企业相对较多的省份，机器人使用率大幅度攀升，一些制造工业机器人的企业，由于需求旺盛，订单应接不暇。

重大疫情迫使中国企业特别是制造企业加快了转型的步伐，通过引入网络，改变生产要素组合方式，寻找新的合作伙伴；通过对生产线进行数字化改造，提高企业的经营效率，实现企业的经营方式和治理结构的全面升级。

作为世界第一大经济体，美国已经把中国作为最重要的战略对手。因此，企业必须未雨绸缪，一方面，采取切实有效的措施，加快产业链科学布局的步伐，确保发展不受制于人；另一方面，必须做好增长受阻的思想准备，居安思危，确保

企业可以面对复杂的外部形势。

三、公平法治的营商环境保障有待完善

2022 年 4 月 10 日，《中共中央　国务院关于加快建设全国统一大市场的意见》发布。意见明确，加快建立全国统一的市场制度规则，打破地方保护和市场分割，打通制约经济循环的关键堵点，促进商品要素资源在更大范围内畅通流动，加快建设高效规范、公平竞争、充分开放的全国统一大市场，全面推动我国市场由大到强转变，为建设高标准市场体系、构建高水平社会主义市场经济体制提供坚强支撑。

意见主要目标是：持续推动国内市场高效畅通和规模拓展，加快营造稳定公平透明可预期的营商环境，进一步降低市场交易成本，促进科技创新和产业升级，培育参与国际竞争合作新优势。

意见明确要抓好"五统一"。一是强化市场基础制度规则统一。二是推进市场设施高标准联通。三是打造统一的要素和资源市场。四是推进商品和服务市场高水平统一。五是推进市场监管公平统一。从"破"的角度，意见明确要进一步规范不当市场竞争和市场干预行为。

期待营商环境越来越好。

第五节 中国部分城市的设计之都建设

一、深圳

2008 年 12 月 7 日，深圳正式被联合国教科文组织认定为中国第一个、全球第六个创意城市网络"设计之都"。"深圳设计"成为城市的一张亮丽名片，设计产业也日益成为深圳转变经济增长方式、实现创新驱动的有力抓手。"设计之都"的力量填补了深圳的未来，并赋予城市充满活力的想象力和创造力。近年，设计在深圳已经从专业群体走向社会、走向大众，并逐渐成为市民生活和审美的一部分，成为提升个人生活品质的一个基本诉求。

根据深圳市设计之都推广促进会的公开信息，深圳共有超过 10 万家设计企业。1982 年 8 月 20 日，深圳出现了第一家带有设计性质的企业。截至 2017 年 12 月 31 日，深圳市已成立的设计企业有 89 332 家，到了 2018 年数量达到了 108 910 家。设计企业从 0 发展到 10 万家用了 36 年。

统计发现，随着时间的推移，深圳设计企业涉及的行业种类在不断扩充，且行业种类的扩充与设计企业数量的增长速度有着紧密的关系。1982—2012 年，深圳设计企业涉及行业种类变化幅度较小。2013 年以后，行业种类在数量上和种类上变化幅度加大，且基本上涵盖了现在所有的行业种类。深圳设计行业的业务领域随着时间的推移在不断扩展，在数量上也在不断增加，其中在数量上，变化位居前五的是批发和零售业，租赁和商业服务业，信息传输、软件和信息技术服务业，居民服务、修理和其他服务业，文化、体育和娱乐业。

二、上海

2022年9月，上海举办了首届世界设计之都大会，同时上海设计周新十年重新启航，2021—2022"上海设计100+"也在大会上正式发布。活动成系列，讲规模，将进一步塑造与凸显上海作为"设计之都"的卓越品牌力。

2022年2月17日，上海建设世界一流"设计之都"推进大会召开，《上海建设世界一流"设计之都"的若干意见》发布，标志着上海新一轮高质量建设"设计之都"工作的启动。自2010年加入联合国"创意城市网络"，10多年间，上海创意和设计产业蓬勃发展，优秀设计企业、设计人才加速集聚，创新设计成果不断涌现，国际国内影响力日益增强。在大会召开之际，有45家市级设计创新中心、35家设计引领示范企业被授牌市级设计创新中心和设计引领示范企业。其中，31家拥有工业设计中心的企业2020年度实现营收250.24亿元，拥有专利3224项，2021年前三季度设计投入同比增长11.5%。它们构成了上海建设世界一流"设计之都"的中坚力量。未来，它们将对标国际国内领军企业，发挥上海产业门类齐全、产业要素集聚、应用场景开放、国际合作广泛等优势，善用数字赋能、深度挖掘需求、分析未来趋势、激发创造活力，设计新产品、提供新服务、打造新模式、塑造新品牌。

作为"上海设计"面向世界的一张亮丽名片，上海设计周已成功举办了 10 届。2013 年 6 月，上海设计之都促进中心正式成立运营。中心成立 10 年多以来，在提高上海设计的水平、促进设计与相关产业的融合、提升上海设计的国际影响力等重要方面成绩斐然。

2022 年是上海设计之都建设的第二个 10 年，城市的发展也到了一个新阶段。城市的价值与创新力更依赖于柔性的数字化基础设施。

作为上海创建世界一流设计之都的重要品牌项目，"上海设计 100+"也产生了巨大的社会效应，有力地提升了设计师、设计机构、设计产品、设计创新活动等的影响力。

到 2025 年，上海将基本建成设计产业繁荣、品牌卓越、生态活跃、氛围浓郁的"设计之都"。到 2030 年，进一步提升国际竞争力和美誉度，全面建成世界一流"设计之都"。创意和设计产业总产出保持年均两位数增长率，到 2025 年超 20 000 亿元。

上海通过举办"世界设计之都大会"，还筹建了"国际设计百人"组织，培育具有国际影响力的设计大奖，提升"上海设计周"影响力，持续推广"上海设计 100+"优秀设计成果，未来将会有更多新锐的设计力量参与谱写上海设计的新篇章。

三、北京

2012 年 6 月 15 日，联合国教科文组织向北京市授予"设计之都"批准函，并为北京"设计之都"标识揭牌。至此，北京将作为"设计之都"加入联合国教科文组织的创意城市网络。

2010 年，《北京市促进设计产业发展的指导意见》（以下简称《意见》）提出，北京市将打造九大设计产业园区，并建设"北京设计博物馆"，以集成国内外优质设计资源。《意见》提出建设西城核心设计示范区、推动设计集群发展。《意见》认为，设计产业是生产性服务业的重要组成部分，大力发展设计产业是推动生产性服务业与国际接轨的重要途径。北京正处在科技、文化与经济深度融合发展的关键时期，加快推进设计产业发展，是推动传统产业升级、拓展现代服务业发展领域，提升自主创新能力，推动产业结构调整，实现经济发展方式转变的重要举措，对打造城市品牌、增强城市综合竞争力、提升北京国际形象、加快建设世界设计之都具有重要意义。

四、武汉

2017 年 11 月 1 日凌晨，经联合国教科文组织评选批准，武汉市正式入选 2017 年全球创意城市网络"设计之都"。武汉成为继深圳、上海、北京之后的中国第四座设计之都。据悉，在中国中部布局"设计之都"，是联合国教科文组织、中国联合国教科文组织全国委员会的全局考虑，旨在通过武汉的城市转型发展，为全世界老工业基地的城市转型提供参考，并向世界推广。

工程勘察设计和建筑设计是武汉的强势创意产业门类，以中铁大桥勘测设计院、中铁第四勘测设计院、湖北省水利水电规划勘测设计院、中南建筑设计院等为代表，不仅工程建筑勘察设计业务覆盖全国，而且有很高的创意设计水平。武汉作为"建桥之都"，桥梁设计与建造更是一枝独秀。世界跨度排名前 10 位的各种桥型，大部分出自"武汉设计"。

武汉市于 2009 年正式提出打造工程设计之都，成立了武汉工程设计产业联盟，逐步形成和提升了以综合设计为核心的产业竞争优势。武汉已举办了七届武汉设计双年展，实现文化创意与产业设计的深度融合。中国光谷创意产业基地、楚天 181 文化创意产业园、汉阳造文化创意产业园、湖北美术学院设计展示区、武汉纺织大学服装汉工厂、武汉地质大学光谷珠宝园、武大珞珈创意园孵化器等数十个设计创意园区，蓬勃兴起，设计人才聚留武汉，为老城区注入了新的生机和活力。

对世界上众多发展中国家的工业城市而言，武汉发展设计产业带动城市转型升级的"老城新生"模式，更具示范意义。武汉设计之都促进中心作为"申都"的社会层面执行机构，联合了 100 家成员单位，成员单位员工总数达 10 万人，设计领域员工约 6 万人。促进中心提出"综合设计"概念，由成员单位联合提供一条龙服务。目前,促进中心以"综合设计"模式组织联盟企业联合开拓市场，开拓了上海通用汽车产业园、武汉园博园、鄂州机场综合设计等项目。

武汉成功申报"设计之都"，将为全世界老工业基地的城市转型提供参考。武汉计划将创意设计作为可持续发展的驱动力之一，让更多市民参与创意城市的建设，同时整合各类设计资源，推动武汉的工程设计、历史建筑、工业设计、动漫设计、服装设计、美术设计等多门类融合发展，将武汉融入国际交流与合作的舞台。

武汉设计之都运营管理公司将进一步把"综合设计"的理念和操作模式向全国推广，形成以综合设计为主要特征的"武汉设计"的核心竞争力。同时，积极促进设计产业发展、设计产业联盟全国化发展和武汉市招才引智等工作。重点以"长江左岸设计创意城"和"昙华林老城新生"试验区为试点，积极探索"老城新生"之道。

五、广州

广州设计之都以粤港澳大湾区建设为契机，以空港大道、华南快速路为发展轴，规划了 28 km^2 专门建设设计产业聚集区，将这片区域打造成为粤港澳大湾区设计产业国际品牌集聚地、广州首个 B2B 设计服务共享平台、华南首个"一带一

01 建筑设计 + 02 工业设计 + 03 时尚设计 + 04 芯片设计 + 05 文化创意设计

06 设计生活服务　07 设计生产服务　08 设计展示服务

路"设计服务贸易中心，汇集设计总部区、设计研发区、设计学研区、设计中创区、设计成果中创区、设计配套区六大主要功能片区。目前，多家国内外知名设计企业已入驻。

第六节 企业困境现状

一、重资产，重运营

　　我国有很多中小型生产制造企业仍然处于模仿阶段，技术创新能力不强，产品同质化问题严重，自有品牌不易成长起来。这类企业主要依靠产品模仿或来样加工来维持生存，有时过于追求以量求胜，为了短期利益采用"拿来主义"而忽视了研发创新产品。这与这类企业的知识产权观念淡薄有关。这类企业往往在市场上出现一些畅销的新产品后，便快速模仿。模仿是设计创新的天敌，是一种类似于慢性病的短视行为。

　　很多中小企业家的财务管理水平还停留在看利润表的阶段，还没有学会使用现金流量表和资产负债表，更不用说年度计划表了。他们的年度计划表是工作时间表，不是财务的年度计划表。财务的年度计划表是钱、人、事的计划表。只

看利润表，财务的技能就是从收入减成本来入手的，这是一些企业家最熟悉的。前面分析过，成本没有办法降下来，只有提高收入，而想提高收入，又只能增加投资，最后导致资产越来越大，人越来越多。所以，现在许多企业家迫切想从重资产向轻资产转型，从重运营向轻运营转型。

二、企业创新及可持续能力方面不适应高质量发展的要求

1. 管理模式粗放，管理观念落后

许多中小企业的经营者缺乏企业管理经历，在创业中一边闯市场一边凭感觉和经验对企业进行经营与管理，管理者大多是亲属和旧部，并且存在非专业化管理、粗放管理、经验管理、家庭式管理等不科学的管理模式，导致企业的管理体制不健全，缺乏规范化、系统化的规章制度，大大削弱了管理效率和管理效益。

另外，很多中小企业对创新的重要性和意义认识不足，这是企业缺乏管理创新的最大障碍，导致大部分中小企业盲目追求短期效益，强调利润最大化，忽略了企业可持续发展的长远战略目标。

2. 企业内部的权责界定不够清晰

企业内部权责的界定是企业正常运转的前提。明晰有效的所有权、经营权与监督权能够增进资源配置效益，激发产

权主体的积极性，然而这种权责界定不够清晰的现象在中小企业中是普遍存在的。大部分中小企业在发展早期都认为企业财产是私人财产，不同于国有和集体经济，不存在所有权、经营权、监督权的问题，但是随着国内市场经济的不断发展，竞争日益激烈，众多中小企业在企业内部管理上出现了诸多问题。

3. 企业内部管理人才缺乏

中小企业由于起步晚，大部分都是从家庭作坊发展起来的，但在家庭内部，优秀人才的数量是有限的，再加上内部高层管理人员一般也由家族内部人员担任，使得企业普遍存在现有的内部管理人员不够成熟稳重，管理技能差，管理知识短缺，管理思想落后，管理水平较低的现象。而那些非家族成员的优秀管理人才无法发挥管理作用，制约了其经营管理水平的提高，也容易导致人才流失。

4. 缺乏正确的管理决策机制

由于大部分中小企业内部缺乏管理人才，企业在制定很多决策时不做市场调研，更没有做战略规划、编写可行性报告，制订的代理商销售目标也不过是根据自己期望的公司利润倒推出来的。在这种缺乏科学依据和真实市场信息的情况下，管理者在制定决策时只能凭借自己的主观意向，这显然是不可取的。在这样的决策机制下，再好的产品也不可能迅速占领市场。

三、面对新机遇，不敢干、不会干、不能干

　　面对新机遇，如直播、短视频、"互联网 +"、"设计 +"，企业还存在着不敢干、不会干、不能干的现状。过去，传统企业家谈到转型升级、高质量发展，就会想到多元化，采用激进的休克式疗法，视线下门店、地推人员为负资产，将其砍掉，然而，经过一段时间的改革，花了大量的钱，效果却不好。所以，有的企业家虽然看到了新的机遇，却存在"不敢干"的顾虑。财经作家叶檀披露过一个真实案例，她说："前两天见到一家企业，从传统制造业转型，为建互联网平台已经烧了 2 亿多，都是从牙缝里省下的血汗钱，几年过去仍不见起色。员工工资下滑，士气滑落，节约成本到抠门的程度，老总自己开辆普通车接送客户。"其实，像这样的传统企业转型，结果跳进火坑的事例每天都在发生。还有些企业家因为思维相对封闭，企业没有相应的人才队伍，不会主动转型。当然，也有些企业，由于遗留的问题比较多，不能转型。

CHAPTER 02

第二章

对 "设计 +" 的解读

第一节 "设计 +"是企业可持续盈利的解决方案

一、"想"与"干"的顺序，"设计 +"是原点

对于企业来说，想要生意红火，就要有好的产品和服务，还要有大量的推广人员、服务人。客户为什么会买你的产品和服务呢？因为质量好、服务好、价格合理，因为产品有特色（新奇，高精尖），这就需要通过设计实现。这是"想"的顺序。而"干"的顺序正好相反，我们通过产品设计、盈利设计、商业设计、可持续设计，将产品的新奇、高精尖的特点表现出来，将盈利的分配方案设计出来，通过吸引渠道加盟合作、搭建线上线下的"天网""地网""人网"的数字化营销渠道，将产品和服务传播给客户。"天网"做内容、宣传，"地网"做服务、圈子；"人网"做裂变、销售。让客户购买之后，还要继续购买，还要推荐给其他人买，将项目越做越大。所以，从这一点来说，设计引领着企业的发展，"设计 +"是原点，也就是客户的需求设计，这是企业经营要思考的原点。

二、全局系统，可持续发展，"设计 +"是核心

全局性思维，即在设计过程中始终能以更高的维度去审视全局，思考当下。全局系统，就是要了解作为产品如何被生产，作为商品如何被流通，作为用品如何被消费者使用，

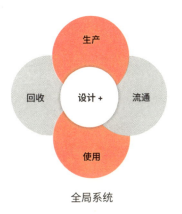

全局系统

以及作为废品将来如何回收。

而"全局"的前提是拥有更高的眼界,眼界越高,对产品、市场,甚至整个社会的洞察就越全面,就能够解决越大的问题,能够实现的价值就越高。眼界是基础,解决更大的问题是目标,而全局性设计思维则是实现这个目标的方式与过程。

全局性思维可以帮助我们跳出产品的单一层面,思考从产品层到体验层,再到开发层这一完整的整体。让设计在满足体验层的同时,满足产品层面的目标,同时让产品的设计与开发高度耦合,将整个产品串联成一个整体。

我们要在生活中思考更多可能,从全流程中重新思考设计。当我们仔细地去理解许多非常著名的设计作品时会发现,几乎所有优秀的、巧妙的设计,都在设计中体现了全局性思维,不仅解决了当前的问题,同时也能够解决更大的问题,发挥巨大的价值。如坂茂设计的卫生纸,看似普通,只是将卫生纸的轴心从圆形改成了方形,却成了举世闻名的、公认的好设计。方形纸卷筒在抽取过程中会产生阻力,可以有效地节约能源。另外，方形纸卷筒在排列时不会像圆形纸筒那样产生很大的间隙，在运输和展示售卖的时候也可以节省空间。那么，为什么我们在设计时没有考虑到这些问题呢？因为我们从最开始就没有从生产卫生纸的整个流程去思考问题。

如果站得更远一些，卫生纸这个商品，并非只存在于我们见到的在商店售卖的那一刻。它在工厂中生产完成，通过运输送到每个超市中，被我们购买以后又会在很长一段时间内出现在卫生间。我们可以将整个流程分为三个场景，每个场景都对卫生纸有着不同的影响。

运输场景——卫生纸的运输成本——影响卫生纸的价格

售卖场景——卫生纸的造型、包装——影响用户购买

使用场景——卫生纸的使用过程——影响用户的使用体验

当我们能够考虑到卫生纸的运输过程时，我们就可以通过设计降低运输成本；当我们考虑到售卖场景时，我们可以通过设计节约空间；当我们可以考虑到用户的使用场景时，我们就可以通过设计提升阻力，降低使用量，间接地提升用户的使用体验。而当我们通过全局性设计思维，可以同时解决这三个问题时，我们的设计就是好的设计，就拥有了更高的价值。

可以看出，设计能力并不是关键，设计思维才是指引我们做出好设计的前提。当我们能按上述方式思考整个流程中不同的场景的时候，相信大多数人都能够设计出坂茂那样的

方案，甚至会有更好的解决方案。以全局性设计思维，帮助产品构建一个完整的设计体系。设计体系的核心在于"体"，它是贯穿整个产品的完整体系。

企业的体系由企业家与设计师共同创造，并深度融合于产品的每个部分。它能够让产品更紧密、更统一、更有序，伴随着产品的生长，与产品共同进化，并最终推动产品的发展。而创造这一切的前提，便是全局性的设计思维。

三、"设计+"是企业家最大的社会责任

对大多数企业而言，社会责任早已不是陌生的概念，那些抱负远大、追求卓越的企业也在用实际行动积极践行自己的社会责任。近年来，越来越多的企业家在创造就业机会、促进地方经济发展的同时，积极思考行业发展，找准企业定位。在国家政策的引领之下，广大企业家积极作为、主动担当，积极推动数字化转型，用设计引领企业发展，充分体现了责任感和使命感。应该看到，企业家在经济发展、环境保护、诚信经营、社区服务、创造就业、员工成长、公益慈善等方面勇担公共责任，有力推动了我国经济社会健康可持续发展。

任何企业都存在于社会之中，都是社会的企业。因此，企业承担社会责任，是企业家精神的题中应有之义。与此同时，承担社会责任，也是企业孕育机会、推动创新和创造竞争优势的重要来源。企业承担社会责任能够显著增加企业社会资本，有助于推动企业可持续发展。可以说，只有切实履行社会责任的企业和企业家，才符合时代要求，也才能真正

得到社会认可。

由此不难理解，一个对消费者需求负责的企业，更有可能赢得顾客与市场；一个诚实守信、保护环境的企业，更容易得到政府、投资方及消费者的支持。对企业家而言，企业承担社会责任意味着收获更好的经营环境和更多的资源支持，这是长远投资。

企业家自身也要充分认识到，通过"设计+"进行企业系统全面的转型升级，进而可以带动行业的转型升级，树立良好的品牌声誉、赢得消费者的信任。集中力量办好自己的事，坚定弘扬企业家精神，广大企业家就能在奋发有为、共克时艰中推动企业实现更大的发展，为中国经济航船行稳致远做出更大的贡献。

"设计+"在本质上是回答了"你满足了什么需求""得到了什么分工""在分工里面你是什么样的层级"这几个问题。所以说，"设计+"是企业家最大的社会责任。

第二节 "设计+"的八大使命

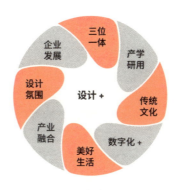

八大使命

一、引领企业可持续盈利的发展

"设计+"可以引导企业树立全面的设计观，引领企业创新发展，引领企业从产品设计到盈利设计，从盈利设计到可持续设计，引领企业集成产业链资源开展创新和价值创造，为企业赋能，促进企业内外多领域融合创新。

以盒马鲜生为例，阿里巴巴率先提出了全链路设计概念。在 O2O 行业，产品的用户不仅是 C 端的消费者，还包括公司内部和外部业务链的 B 端特定用户，如盒马门店里的拣货员、客服、供应商、物流链上的各类用户等。盒马鲜生在门店用户体验"品牌层"里那些重复性极高的物料设计工作中，做到了标准化、工具化。这项用户体验设计的背后不仅是提升效率和降低成本，更是对盒马战略层的响应。

盒马鲜生是一个线上线下一体化的电商企业，设计师的工作已经不只是界面的设计，还包括线下复杂的空间场景设计、各种终端设备上的 ID 设计、交互设计，甚至是商业、产品、经济、成本等跨领域层面的研究和设计。符合战略层的用户体验设计，才是商业世界需要的用户体验设计。可以说，是设计引领了盒马鲜生的发展。

二、企业家、设计师、教育家三位一体

企业的管理者是企业家。过去的企业因为产品稀缺，只要做好产品就够了，不太需要抬头看路。企业也谈不上设计，生意好掩盖了大多数企业的发展问题。现在的企业家要带领企业不断找到盈利的机会，实现可持续盈利，这就需要更好的设计。作为企业家，首要的任务是找到细分的赛道，找到企业在产业链中的分工，结合自身的资源条件，再根据外部环境设计出企业发展蓝图，规划企业的未来。企业家也是设计师。一个企业在产业链中处于什么位置，承担什么分工，这是企业的定位，是需要设计的。团队如何架构，股东团队、管理团队、代理商团队、客户社群，利益如何分配，公司如何治理，这都是设计的结果。企业的产品从制造到流通，作为商品要考虑使用，作为用品要考虑可回收，这些都需要设计好，这就需要企业家不仅要研究产品，还要研究生活方式，研究外部的政策环境等。然后，企业家还要作为教育家，在不同的平台上持续不断地宣传、发布、推广自己的产品、文

化和激励人心的人物事迹。这样才能组织团队，带领大家以
果决行。

企业家、设计师、教育家三位一体，设计师布局、教育
家布道，这是企业家未来的发展方向，过去的企业家是老板，
现在的企业家更多的是设计师，未来的企业家更多的是教
育家。

"设计 +"的使命之一就是要帮助企业家向设计师转型，
帮助设计师向教育家转型。这里分享一下名创优品创始人叶
国富的经历。在做企业的同时，叶国富成功地转型成为教育
家，不断地在各个平台宣传自己的理念。他于 2015 年 10 月
接受《北大商业评论》的专访，发表了题为《传统零售业已
死？——管理学视角剖析名创优品蹿红之谜》的文章；同年
10 月接受正和岛企业家俱乐部贾林男、刘锐康专访，发表
文章《名创优品叶国富：苏宁在我眼里一分钱价值都没有》；
同年 11 月担任阿拉善 SEE 生态协会珠江学堂第一讲导师，
并发表了文章《设计的力量：让生活变得更美好》；同年兼
任北京大学讲座教授；2016 年 3 月 8 日，叶国富发布演讲，
诠释了名创优品如何在经济寒冬中创造"重建消费链接"的
全球零售传奇；同年被北京大学特聘为北大零售总裁班讲座
教授；2016 年 5 月，叶国富受邀参与吴晓波策划的商业课程
《Made in China！打响转型之战》，并发表主题分享"实体零
售新理念：制造与零售整合之路"；2020 年 4 月 21 日，叶
国富受邀参加财新网"财新云会场：疫情经济观察"系列线
上会议，探讨实体零售业如何转危为机。2020 年，叶国富首

次提出"兴趣消费"这个概念。他认为，被兴趣支配是现在
的年轻人最大的消费特征，商品的使用价值和情感价值逐渐
分离。他们注重文化属性和情感价值，追求好看、好用、好
玩的产品。以兴趣消费为特征的第三次消费浪潮正在到来，
年轻人开始愿意为情感价值买单。

三、构建"产学研用"合作的创新体系

1."产学研用"的发展

"产学研用"合作的行为最早可以追溯到 20 世纪五六十
年代以政府推动型为主、计划经济体制下的一种行为模式。
我国"两弹一星"的研制，在很大程度上就是产学研合作的
结果。改革开放以来，以 1995 年和 2006 年两次全国科学大
会为标志，中国特色的产学研合作先后经历了"产学研联合"
到"产学研结合"，再到"产学研用结合"发展阶段。产学
研合作的内涵随着时代发展而有所侧重。改革开放之后，产
学研合作政策法规主要围绕着"科学技术是第一生产力"的
核心，以中央政府制定出台的关于经济、教育和科技方面的
三个重要决定为中心；20 世纪 90 年代中后期，政府围绕"科
教兴国"的主题，强调推进科学技术成果产业化，促进产业
结构升级；21 世纪初至今，政府以"建设创新型国家"为
奋斗目标，以促进自主创新为核心内容，注重对知识产权的
保护。

近几年来，我国"产学研用"协作总体水平虽不断提高，

但存在着科技创新与经济社会发展脱节、高校学科方向与地方主导产业契合度不高、科研队伍与市场距离过远等问题。造成这些问题的原因，一是信息不对称，"能研发什么"与"需要研发什么"脱节；二是目标导向不同，高校、科研院所学术评价更看重发表论文，而企业更关注研发成果能否快速实现产业化，能否带来良好的经济效益；三是激励机制不力，高校、科研院所的科技人员的"知识红利"在市场机制中如何"价值实现"没有形成有效的模式。

中国产学研制度体系发展历程

改革开放至 20 世纪 90 年代	• 产学研政策法规主要围绕着"科学技术是第一生产力"的核心，以中央政府制定出台的关于经济、教育和科技方面的三个重要决定为中心 • 《中华人民共和国科学技术进步法》《中华人民共和国促进科技成果转化法》
20 世纪 90 年代中后期至 21 世纪初	• 围绕着"科教兴国"的主题，强调推进科学技术成果产业化，促进产业结构升级 • 《中华人民共和国高等教育法》《中小企业促进法》等
21 世纪初至今	• 以"建设创新型国家"为奋斗目标，以促进自主创新为核心内容，注重对知识产权的保护 • 技术创新的重要法律文件：《国家中长期科学和技术发展规划纲要（2006—2020）》《中华人民共和国国民经济和社会发展第十四个五年规划和 2035 年远景目标纲要》《中国教育现代化 2035》

　　破解这些难题，推进"产学研用"深度融合，需要设计产业。每个设计师、企业家，从顶层设计着力，为企业、高校和科研院所"架金桥"，加快创新成果转化应用，彻底打通关卡，突破产品制造、市场模式、产业发展"一条龙"转化的瓶颈。依托国家级、省级大学科技园，构建政府、高校、企业协同创新生态体系，加速释放创新活力。大学科技园作为创新引擎，是大学已有科技成果转化或孵化的平台，教授、学生在自家门口创业，也能吸引更多人才到学校周边创业。同时也要大力推行"互联网＋产学研用"新模式，将专家与企业技术需求高效对接，为"产学研用"深度融合体系的良好运行提供及时、便捷的科技服务。

2. 国家层面政策汇总

　　产学研用政策法规体系庞大，结构复杂，相关主体众多。

截至 2021 年国家层面有关产学研政策重点内容解读（一）

发布时间	发布部门	政策名称	重点内容解读	政策性质
2021 年 3 月 13 日	全国人大	《中华人民共和国国民经济和社会发展第十四个五年规划和 2035 年远景目标纲要》	提升企业技术创新能力，促进各类创新要素向企业集聚，形成以企业为主体，市场为导向，产学研用深度融合的技术创新体系。积极稳妥地推进粤港澳大湾区建设，加强粤港澳产学协同发展，完善广深港、广珠澳科技创新走廊和深港河套、粤澳横琴科技创新极点"两廊两点"架构体系，推进综合性国家科学中心建设，便利创新要素跨境流动	支持型

发布时间	发布部门	政策名称	重点内容解读	政策性质
2021年10月18日	国家知识产权局、教育部	《产学研合作协议知识产权相关条款制定指引（试行）》	为促进产学研合作和知识产权转移转化，指导企业和高等院校、科研机构做好产学研合作中的知识产权归属与处置工作，有效防控相关法律风险制定的首部相关法规	引导型
2020年1月18日	教育部	《教育部产学合作协同育人项目管理办法》	为深入推进产学合作、协同育人，加强和规范教育部产学合作、协同育人项目推行该方法，从平台构建、社会支持、项目管理方法等方面对中国产学合作、协同育人提出新要求	支持型
2019年9月10日	工业和信息化部	《关于加快构建工业互联网人才体系的提案》提案答复	开展工业互联网领域产学合作、协同育人项目。建立政府搭台、企业支持、高校对接、共建共享的产学合作、协同育人的人才培养模式，继续推进产教融合、校企合作	支持型
2019年8月23日	国家发展改革委	《关于政协十三届全国委员会第二次会议第3753号（经济发展类238号）提案答复的函》	加强校企合作，一是推进产教融合，通过召开产学合作对话会议，为职业院校和企业合作搭建平台；二是推动制造业领域人才培养标准建设，推动大数据等新工科专业建设、产学合作课程建设、师资培训和实习实践基地建设	支持型

截至 2021 年国家层面有关产学研政策重点内容解读（二）

发布时间	发布部门	政策名称	重点内容解读	政策性质
2019 年 5 月 14 日	国家发展改革委、科技部	《关于构建市场导向的绿色技术创新体系的指导意见》	构建市场导向的绿色技术创新体系，加快构建以企业为主体、产学研深度融合，形成研究开发、应用推广、产业发展贯通融合的绿色技术创新新局面	支持型
2019 年 2 月 23 日	中共中央、国务院	《中国教育现代化 2035》	探索构建产学研用深度融合的全链条、网络化、开放式协同创新联盟。提高高等学校哲学社会科学研究水平，加强中国特色新型智库建设。健全有利于激发创新活动和促进科技成果转化的科研体制	支持型
2017 年 9 月 1 日	全国人大	《中华人民共和国中小企业促进法》	国家鼓励科研机构、高等学校支持本单位的科技人员以兼职、挂职、参与项目合作等形式到中小企业从事产学研合作和科技成果转化活动，并按照国家有关规定取得相应报酬	支持型
2017 年 12 月 13 日	工业和信息化部、国家发展改革委等十二部门	《增材制造产业发展行动计划（2017—2020 年)》	提出提高创新能力，建立以企业为主体、市场为导向、知识产权利益分享机制为纽带、政产学研用协同的增材制造创新体系。同时健全增材制造标准体系，推进产学合作、协同育才，扩大增材制造相关专业人才培养规模	支持型
2016 年 4 月 21 日	教育部等七部门	《关于加强集成电路人才培养的意见》	加强集成电路相关学科专业和院系建设，实施有效的融合式产学合作，开展国际合作交流等方面的经费投入，推进产学研融合、协同育人；在集成电路产业发展重点区域，布局建设集成电路产学研融合、协同育人平台，提供实习实训条件；实施产学合作专业综合改革项目，以产业发展的最新需求，带动人才培养改革	支持型

截至 2021 年国家层面有关产学研政策重点内容解读（三）

发布时间	发布部门	政策名称	重点内容解读	政策性质
2016 年 12 月 1 日	商务部、国家发展改革委等七部门	《关于加强国际合作提高我国产业全球价值链地位的指导意见》	为提高我国产业在全球价值链中的地位提出产业基金支持政策，发挥政策资金的杠杆作用，通过并购整合、产学结合、应用牵引、技术引进等途径，帮助相关产业突破升级面临的核心瓶颈制约	支持型
2015 年 7 月 17 日	教育部、国家发展改革委等六部门	《支持有关高校建设示范性微电子学院的通知》	深入开展产学合作、协同育人。示范性微电子学院要加强与区域内集成电路领域骨干企业、产业化基地和地方政府等方面的合作；完善示范性微电子学院内部组织管理体系，鼓励教师潜心育人，并主动开展产学合作	支持型
2015 年 12 月 28 日	全国人大	《关于修改〈中华人民共和国高等教育法〉的决定》	高等学校要以培养人才为中心，加强产学研结合，建立和完善高等学校之间、高等学校与科学研究机构以及企事业组织之间协作的运行机制，真正做到资源共享，优势互补，不断提高高等教育资源的使用效益和人才培养质量	支持型
2013 年 3 月 29 日	教育部、国家发展改革委、财政部	《关于深化研究生教育改革的意见》	更加突出科教结合和产学结合，更加突出对外开放；建立以提升职业能力为导向的专业学位研究生培养模式。面向特定职业领域，培养适应专业岗位的综合素质，形成产学结合的培养模式；通过跨学科、跨院校、产学研联合培养等多种途径，培养和造就科技创新和工程技术领域领军人才	支持型

续表

发布时间	发布部门	政策名称	重点内容解读	政策性质
2012 年 9 月 23 日	中共中央、国务院	《关于深化科技体制改革加快国家创新体系建设的意见》	提出要加快建立以企业为主体、市场为导向、产学研用紧密结合的技术创新体系。充分发挥企业技术创新决策、研发投入、科研组织和成果转化中的主体作用，吸纳企业参与国家科技项目的决策，产业目标明确的国家重大科技项目由有条件的企业牵头组织实施	支持型

截至 2021 年国家层面有关产学研政策重点内容解读（四）

发布时间	发布部门	政策名称	重点内容解读	政策性质
2021 年 12 月 24 日	全国人大	《中华人民共和国科学技术进步法》第二次修订	国家鼓励科学技术研究开发与高等教育、产业发展相结合，鼓励自然科学与人文社会科学交叉融合和相互促进	支持型
2016 年 1 月	国务院	《国家中长期科学和技术发展规划纲要(2006—2020)》	提出全面推进中国特色国家创新体系建设，重点建设以企业为主体、产学研结合的技术创新体系，并将其作为全面推进国家创新体系建设的突破口。国家鼓励企业开展同科学技术研究开发机构、高等学校联合建立科学技术研究开发机构，或者以委托等方式开展科学技术研究开发	支持型

3. 各省市层面的政策汇总及解读

在地方层面上，我国部分省市根据各自的具体情况，相应出台了对产学研合作的指导意见和措施，如江苏省、浙江省、陕西省、广东省等，省市主要针对产研人才培养、平台构建以及项目申报等方面出台相关政策。

中国各省市自治区产学研政策汇总及解读（一）

省市	政策名称	重点内容	政策性质
福建	2021 年 9 月 30 日	《关于安排 2021 年度高校产学合作等科技计划项目经费（省属单位）》	针对福建省高校产学合作、引导性、对外合作、公益类科研院校、新兴研发机构仪器设备后补助项目、科技特派员等科技项目的计划与经费管理申报流程的明确规定
北京	2020 年 3 月 4 日	《"三城一区"知识产权行动方案（2020—2022 年)》	打造"三城一区"知识产权特色发展格局，进一步加强中关村科学城、怀柔科学城、未来科学城、北京经济技术开发区（以下简称"三城一区"）的知识产权创造、运用、保护和管理能力，为"三城一区"科技创新和产业升级提供支撑和保障
	2019 年 11 月 29 日	《北京市促进科技成果转化条例》	在以企业为主体、市场为导向、产学研深度融合的技术创新体系大背景下，促进北京市科技成果转化、推动城市法治环境高质量发展

续表

省市	政策名称	重点内容	政策性质
上海	2020 年 1 月 20 日	《上海市推进科技创新中心建设条例》	推进本市技术创新工作，建立以企业为主体、市场为导向、产学研用深度融合的技术创新体系，完善产学研用结合的协同育人机制
广东	2021 年 9 月 22 日	《广东省科技创新"十四五"规划》	提出到 2025 年，广东将奋力实现科技创新，综合实力显著提升，主要创新指标达到国际先进水平，建成更高水平的科技创新强省，粤港澳大湾区初步建成具有全球影响力的科技和产业创新高地，成为国家重要的创新动力源。到 2025 年，研发经费投入年均增长达 10% 左右；GDP 年均增长达 3.5% 左右；每万人研发人员全时当量达 90 人年；全社会基础研究经费投入占研发经费比重达 10%；每万人口高价值发明专利拥有量达 20 件；海外发明专利授权量累计新增数量达 8 万件；形成一批重大原创性科技成果；规模以上工业企业研发经费支出与营业收入之比达 1.8%。全社会创新氛围更加浓厚，公民具备科学素质比例达 16%；高技术制造业增加值占规上工业增加值比重达 33% 以上；年技术合同成交额达 5000 亿元

中国各省市自治区产学研政策汇总及解读（二）

省份	政策名称	重点内容	政策性质
江苏	2021 年 8 月 24 日	《关于组织申报 2021 年江苏省产学研合作项目的通知》	为深化产学研合作，鼓励高校院所与江苏企业联合开展科学研究，促进科研成果转化，制定江苏省产学研合作项目申报工作事项明确鼓励条件
浙江	2021 年 6 月 8 日	《关于加强高校院所科技成果转化的实施意见》	到 2025 年，市场导向、利益共享、赋权放权、宽容失败、尽职免责的高校院所科技成果转化政策体系更加健全，职务科技成果管理制度和报告制度普遍建立，科技成果转化评价体系更加科学，科技成果转化服务体系和配套体系更加完善，营造出乐于转化、敢于转化、善于转化、便于转化的科技成果转化环境。全省高校院所输出技术成交额实现倍增，以转让、许可、作价投资方式转化科技成果的合同项目增长 50%，与企业开展的产学研合作项目增长 20%
湖南	2021 年 3 月 10 日	《湖南省高新技术产业科技创新引领计划（2021—2022）项目申报指南》	突出企业创新主体地位，强化产学研用金协同创新，推进产学研用金协同创新，鼓励企业联合高校或科研机构组织申报项目（须提供责、权、利明晰的合作协议）。优先支持依托省级及以上科技创新平台或省级及以上科技创新创业人才申报的项目
湖北	2019 年 12 月 30 日	《湖北省高价值知识产权培育工程项目管理办法（试行）》	提出积极开展产学研服协作创新，形成具有较强前瞻性，能够引领产业发展，有较高市场价值的高质量、高水准专利、商标、地理标志或者组合；鼓励产学研服相关单位联合申报，建立产学研服合作培育高价值知识产权机制
	2021 年 6 月 28 日	《科技部关于支持湖北省建设汉襄宜国家科技成果转移转化示范区的函》	示范区以汉襄宜区域为重点，积极构建"政产学研金介用"结合的技术转移生态体系，培育发展新动能，为推动湖北省乃至中部地区产业转型升级与经济发展提供有力支撑

续表

省份	政策名称	重点内容	政策性质
江西	2021 年 9 月 15 日	《江西省科技创新促进条例》第二次修订	实施创新驱动发展战略，围绕本省特色、优势、支柱产业，构建以企业为主体、市场为导向，产学研用相结合的技术创新体系，建设创新型江西

中国各省市自治区产学研政策汇总及解读（三）

省份及自治区	政策名称	重点内容	政策性质
云南	2021 年 7 月 20 日	《云南省中小企业促进条例》	鼓励高等学校、科研机构、职业教育院校和各类职业技能培训机构通过产学研合作、共建实习实践基地等方式，为中小企业发展提供智力支持，培养专业技术、技能应用等方面的人才
青海	2020 年 6 月 10 日	《青海省促进科技成果转化条例》	鼓励高等院校、研究开发机构设立一定比例的流动岗位，通过产学研合作实施科技成果转化项目等方式，吸引企业科技人才兼职
西藏	2021 年 1 月 24 日	《西藏自治区国民经济和社会发展第十四个五年规划和二〇三五年远景目标纲要》	强化科技成果转化，鼓励政产学研力量共建科技创新及成果转化平台；继续推进以政府举办为主、产教融合、校企合作、产学研销一体的办学格局
甘肃	2020 年 8 月 4 日	《甘肃省产业技术创新战略联盟构建与评估办法》	凸显引导建立以企业为主体、市场为导向、产学研用相结合的创新体系，围绕产业链布局创新战略联盟，引导公共科技资源向创新战略联盟聚集，共同突破产业发展的技术瓶颈，有效提升企业创新能力和产业竞争力

省份及自治区	政策名称	重点内容	政策性质
陕西	2021 年 5 月 3 日	《实施"两链"融合加快构建现代化产业体系三年行动方案（2021—2023 年)》	围绕高端机床、半导体与集成电路、光子、先进金属材料、新能源汽车等重点领域，集聚式、一体化统筹配置创新资源，部署实施一批重点专项，支持组建一批创新联合体，布局建设一批共性技术研发平台，推动产学研深度融合和产业链上中下游、大中小企业融通创新，全面提升产业核心竞争力
	2019 年 5 月 8 日	《江西省科技创新促进条例》第二次修订	支持以企业为主体的产学研用联合协同创新活动，促进科技成果转移转化和资本化、产业化

中国各省市自治区产学研政策汇总及解读（四）

省份及自治区	政策名称	重点内容	政策性质
内蒙古	2020 年 10 月 16 日	《关于加快推进"科技兴蒙"行动支持科技创新的若干政策措施》	"科技兴蒙 30 条"政策措施共 8 部分 30 条 96 项政策措施，涉及产学研合作的有：引导企业加大研发投入，梯次培育科技型企业，引导产学研协同创新，推动科技与金融深度融合。对产学研结合紧密的创新平台优先给予政策支持
黑龙江	2021 年 3 月 24 日	《黑龙江省产业技术创新战略联盟建设管理办法》	建立以企业为主体、市场为导向、产学研深度融合的技术创新体系，从市场经济、产业特色协同、政府引导等方面进行要求
宁夏	2021 年 9 月 10 日	《宁夏大学科技支撑自治区九大重点产业高质量发展战略研究工作方案》	加强产学研合作，增加科技服务供给。加强创新平台建设与管理，建成省部级以上创新平台（基地、智库）43 个，建设校级科研创新平台 29 个，组建各类人才团队 25 个，基本构建起"学术带头人—科研骨干—研究生—科研助理"研究团队体系

4. 省市自治区产学研发展目标解读

"十四五"期间，我国部分省市及自治区也提出了产学研发展目标。其中浙江、广东、宁夏对产学研相关主体提出了相应明确的规划目标，北京、江苏侧重于产学研申报、产权保护等制度建设，上海、甘肃则注重对产学研主体的引导扶持。

四、继承并弘扬传统文化的表达

为什么要传承传统文化？一是因为传统文化有"有用之用"。传统文化提供了大量的素材，可以直接拿来使用。二是因为传统文化有"无用之用"。每一个中国人，血液中都流淌着文化的血脉，形成了中国的地域文化、城市文化等，而文化又滋润着我们的精神。越了解传统文化，就会越自信，越爱国。比如，我们看一幅国画，画本身没有什么用，也不能吃，也不能御寒，但我们能从中看出意境，看出人生，精神上能获得极大的满足。

在过去的两百年里，我们在一些方面落后于西方，有科技生产力的落后，有物质的匮乏。但现在我们的生存需求得到了满足，就要追求精神生活，而文化可以满足我们的精神需求。传承传统文化不是为了炫耀，更不是为了特技欺人。传承传统文化是企业设计的一个重要抓手，也是"设计+"的使命。

传承传统文化不能只有"传统"，还应有创新。下面用两个例子来说明。

1. B 站的跨年晚会

近几年来，无论是地方卫视还是互联网平台，跨年晚会的玩法和形式都日趋多元。有脱口秀跨年、演讲跨年，也有以怀旧风、青春感、冬奥等为关键元素的跨年晚会。但 B 站（哔哩哔哩）的跨年晚会，可以说是深受年轻群体认可的晚会。

B 站的跨年晚会从 2019 年开始，至今已经举办了 5 年。第一届晚会将各圈层文化 IP 整合创新，第二届晚会承接了上一年的传统，更加别开生面，到了第三年，B 站的跨年晚会已经成了专属于年轻人的年度聚会。可以说，跨年晚会这种形式是传统的，但是 B 站创新了这种形式，并弘扬了跨年晚会。

2. 故宫文创

故宫文创是用现代产品讲中国历史的产品。故宫文创成立于 2008 年，但这时的故宫文创尚未进入我们的视野，枯燥的风格、严肃的紫禁城无法吸引我们的注意力，直到 2013 年，故宫文创迎来了改变，起因是当时的台北故宫博物院推出了大受欢迎的"朕知道了"纸胶带，这让北京故宫博物院时任院长单霁翔认识到了文创产品的庞大市场，并决心改变。同年，北京故宫第一次面向公众征集文化产品创意，"软萌"的路线让 600 岁的故宫以一种前所未有的姿态变得年轻。流行时尚元素与故宫文化底蕴的结合让故宫文创大受追捧，而故宫文创被大众接受和喜爱并非偶然，这依赖于以下几点。

第一，题材。故宫文创的创作背景以故宫为中心，发散到文物、历史、建筑，乃至于故宫的一草一木、一匾一门，题材广泛，风格独特。在这样的创作背景下产生的众多文创产品，在无形之中获得了升值，提高了竞争力，形成了一种特殊的垄断竞争市场。

第二，包容性。故宫文创并不是单一简述历史和弘扬文化的产品，其文创产品中不乏一些时下较为流行的金句、时尚符号。这些流行元素和生活日用品的结合，使文创产品更有特色，满足了不同阶层的需要。

第三，营销手段。故宫文创与时下的线上经营合作，在淘宝的"故宫淘宝"这个账号上进行了广泛宣传，通过历史人物"卖萌"等宣传模式，加强了与受众的互动，增加了亲和力，无形中拉近了与受众的距离，减少了消费者的顾虑，同时刺激了消费。

第四，注重质量。故宫文创自开始线上售卖后，产品的发售时间是很分散的，他们认为产品研发的数量并不重要，

产品的质量才是重中之重。在这样的研发理念下，故宫文创的产品在很大程度上加大了国产品牌的影响力，展现了传统文化，增加了被外国游客所选择的可能性，成为一种良性的循环。

　　故宫文创产品在文创领域中非常具有代表性。文创产品的发展关键在于产品自身的特点和文化底蕴，现阶段我国文创产品的市场与设计的对接是有很大问题的，故宫文创的出现打破了这一僵局，设计出了能引起消费者共鸣的产品。传统文化的市场潜力是引导消费者和创业者的诱饵，而创业者和消费者对于传统文化的关注是传统文化的市场潜力进一步发展的要求。

五、引领设计氛围

1. 引领潮流、绿色、健康、智能和个性化消费

　　如同人的需求永远没有尽头一样，设计创新也永远没有

穷尽，而技术的发展又不断为设计创新提供新的起点。市场发展到今天，人们的消费心理越来越丰富多元，个性化消费已经成为趋势。品牌商生产的产品或服务不再是为所有人提供，而是锁定一群人，针对个性化的需求提供相对应的产品。

◎ **淮海 TX**

于 2019 年 12 月 31 日开业的上海首家策展型零售空间——TX 淮海｜年轻力中心（下文简称"TX 淮海"）受到了许多人的关注，吸引了无数年轻潮流人士前去打卡。作为中国首个创新体验零售与沉浸艺术融合的智能空间，TX 淮海由司徒文聪操刀设计，共占地 27 000 ㎡，整整 6 层楼，每层楼都拥有独特的社群文化，是一个聚集了当代艺术、潮流、美食、社交的巨大空间。

◎ **江南布衣**

江南布衣主打"自然、自我"的理念，提倡回归自然、具有个性而不张扬。本质上是由于其敏锐地认识到了中国零售市场的复杂度和圈层文化的多维度。

目前，江南布衣集团的品牌组合已经包括 3 个阶段的多个品牌，各个品牌均面向各自特定的细分客户，并拥有基于集团统一品牌理念"自然而然地做自己"的独特设计形象。然而，所有当前常见的明星策略、数字化手段和资本手段实际上都是容易使用的，真正的难点在于理解"人"，尤其是不同类型的"人"，这是一个在以往总是被低估的指标。而在技术的跃进之后，人文主义的回归将是必然。

2020 年，江南布衣参与投资建设的天目里项目，现在成了杭州最火的文化地标，吸引来自全国各地对美学有需求的用户。

◎ **喜茶**

茶饮已成为城市里消费者最重要的生活休闲方式之一。中国连锁经营协会发布的《2021 新茶饮研究报告》显示，国内新茶饮门店规模已经达到 37.8 万家。

喜茶是近年茶饮市场中一个重要的品牌。它在 2012 年开创了强调真奶、真茶、真果等产品概念的新茶饮赛道，成为这一代年轻人心中具有标志性的品牌。在喜茶的产品与品牌伴随其门店空间在中国城市不断铺开的过程中，它与这些城市发生了充分的信息交换，也成了城市消费力成长与消费场景迭代升级的一个典型切面。我们甚至可以用"喜茶指数"来衡量一座城市的消费活力——若将一座城市里每百万人口拥有的喜茶门店数设定为"喜茶指数"，那么指数越高，就意味着城市里能够支撑这类新消费业态的客群更为活跃。

年轻人是否愿意和品牌一起拍照发朋友圈是衡量新消费品牌的标准之一。

◎ **泡泡玛特**

艺术潮玩就像一个媒介，联结起艺术、艺术家和普通人。艺术让潮玩的意义得到了升华，附加值增高，背后的收藏价值也变得很关键。目前的中国收藏品市场出现了两个趋势：一是传统艺术与潮流相结合的形式，已经走进人们的生活，成为日常；二是年轻的藏家越来越多，艺术收藏正成为年轻人的生活方式之一。这也是为什么当年轻人看到 SPACE

MOLLY 玩偶的时候会感到新奇与惊喜。

如果说在过去收藏还有一定的门槛，那么现在，越来越多的年轻人、"Z 世代"能通过不同形式打开收藏的渠道。以泡泡玛特 MEGA 珍藏系列 SPACE MOLLY 为首的艺术潮玩，其背后的深刻寓意和艺术价值，正是触发年轻人步入收藏市场的诱因。年轻玩家通过艺术潮玩可以理解中国的历史文化，同时，他们可以走进更多的实体空间，或者通过线上的形式，接触到自己喜欢的艺术家作品，而不仅仅局限于拍卖行或画廊。

2. 紧扣市场，引领发展趋势

工业设计是与消费者日常生活关系最密切的设计门类。随着现代工业的发展，以工业产品为主要研究对象的工业设计愈发火热，以消费者为导向，工业设计起到了连接企业和消费者的纽带作用。越来越多的企业已意识到工业设计的重要性，意识到抢占市场的关键在于设计的创新。

◎ **小米公司（家电，生活用品）**

小米公司曾获德国 iF 产品设计奖金奖、红点奖最佳设计奖、美国 IDEA 设计奖金奖、日本优良设计奖最佳 100 奖四大奖项，完成了世界四大设计奖中高含金量奖项的大满贯。这在世界设计史上并不多见，小米公司作为中国设计的突出表现也得到了国外的瞩目。

◎ **到位地漏**

对大多数人来说，对地漏的认知可能还停留在形状是方形的还是圆形的，材质是纯铜的还是不锈钢的，能不能防臭……而国外地漏已经有了条形地漏、隐形地漏，甚至墙排地漏等各种形态。于是，在 2019 年 12 月初，到位公司立项"到位 X10"系列地漏产品开发，2020 年 2 月初完成"到位 X10"系列的打样，并且进行了排水测试。事实证明这款新的隐藏式排水面板优于传统格栅式面板，并且更加方便清理头发丝等杂物，到位公司又以同样的结构设计了另一款方圆面板。2020 年 4 月初首批产品上市。

在中国，工业设计的发展方兴未艾，随着人们对美好生活的需求不断提升，工业设计的发展空间巨大。柳冠中老师分析过：工业设计是生产关系和价值观革命的结晶，工业设计最根本的宗旨是创造人类社会健康、合理、共享、公平的生存方式。虽然我们在工业设计领域取得了阶段性的成绩，但是在观念上还有很长的路要去探索。

3. 推进时尚消费品产业

时尚不是"设计+"的追求目标，但是由于设计是以人为本的，生活方式的设计容易成为人们追求的时尚。生活方式永远是消费的桥头堡，随着经济的高质量发展和消费升级，"设计+"造就的生活方式正悄然影响着时尚产业。

◎ 花西子

在新消费时代，国风是中国营销市场的新力量。为了实现营销的有效触达，花西子将国风这一热点与品牌特质融合，建立起品牌与消费者联系的窗口。在营销同质化的今天，差异化的内容成了品牌的增长点，瞄准"Z世代"用户群的花西子，将国风文化融入品牌的文化中，并将传统的古典元素作为品牌跨界、扩大影响力的资本，引领着国风新风尚。

为了实现品牌文化及产品的全面辐射，花西子的跨界联名涉足了不同圈层、文化领域，并将花西子独特的东方魅力推向了世界舞台。在2021年的秋冬时装周活动上，花西子选择与汉服品牌三泽梦联合，推出以国风为基调的粉色系汉服，在展现东方文化魅力之余，提升了品牌的价值，实现了破圈营销。花西子品牌文化的打造包括以下几个方面。

第一，产品设计的呈现——民族美就是世界美。花西子的设计足够独特，品牌"东方彩妆"的发展方向不是一句空话，而是将一些传统的美容养颜知识融入产品的打造中，让"以花养妆"的核心卖点成为品牌吸引消费者的竞争力，并成功与竞品区隔开来，在消费者心中形成了差异化的认知，为品牌全面进入世界市场做好了概念化的铺垫。

除了产品概念的设计让人有一种耳目一新之感外，花西子彩妆产品的外形设计也值得一看：口红中的浮雕设计，俘获了很多年轻女孩的心，宫廷风格的包装、同心锁口红等极具东方特色的产品，成了品牌吸引用户与自媒体传播的重要元素，也为品牌的广泛传播提供了素材。

第二，营销概念的输出——"东方彩妆，以花养妆"的品牌口号。花西子的品牌名来源于苏东坡的著名诗句——"欲把西湖比西子，淡妆浓抹总相宜"，这便成功奠定了花西子"东方彩妆"的品牌定位。同时，花西子推出"东方彩妆，以花养妆"

的品牌口号，实现了品牌属性和产品定位与中国传统文化的结合。

第三，品牌形象的运营——品牌同名虚拟形象。花西子在品牌形象的经营上也保持着自身独特的审美与规划。花西子同名虚拟形象"花西子"亮相后，深受好评。虚拟形象本身精致逼真的妆容，用无声的方式向用户展现着东方美。

时尚产业在过去的 10 年间不断发生着质的变化，这是因为人、货、场的改变。"人"的改变是以"Z 世代"为主导的消费人群，对时尚消费的理念、需求、习惯等，与以前消费本质的不同而改变的；"货"的改变是时尚品牌为顺应人的改变，在产品设计、营销模式、渠道等方面都有显著的调整；"场"的改变是随着互联网、大数据的不断优化升级，整个时尚消费产业的环境、产品、营销、渠道发生了天翻地覆的变化。

六、促进产业整合，提升产业竞争力

产业集群是中小企业发展的重要组织形式和载体，对推动企业专业化分工协作、有效配置生产要素、降低创新创业成本、节约社会资源、促进区域经济社会发展都具有重要意义。

2015 年，工信部发布的《工业和信息化部关于进一步促进产业集群发展的指导意见》指出："经过多年的发展，我国产业集群已逐步发展壮大，一些地区产业集群销售收入已达到本地企业销售收入一半以上，产业集群对区域经济的支撑作用日益明显。但目前产业集群发展总体水平还不高，部分产业集群集聚度较低，创新能力弱、信息化水平低、品牌建设不够、公共服务滞后、基础设施不配套，亟待转型升级，提升发展能力。"

国家要做产业集群，企业家该如何配合呢？这就需要用"设计+"的思维。龙头企业可以自动集群，但是广大的中小企业的集群是需要设计的。以下几点是具体的设计步骤。

第一，对接地方政府的政策与功能定位。政府有中小企业产业（工业）园区、小型微型企业创业创新基地、创客空间等中小企业创业创新集聚区。

第二，通过"设计+"，成长为具有生态属性的龙头企业，或融入具有生态属性的龙头企业，发挥龙头企业的示范带动效应。龙头企业通过兼并收购、合作分工等，将配套中小企业纳入共同的供应链管理、质量管理、标准管理、合作研发管理等，提升专业化协作和配套能力。龙头企业可以通过建立稳定的供应、生产、销售等协作、配套关系，提高配套中小企业的专业化协作水平，完善产业链，打造创新链，优化价值链，推动中小企业专精特新发展，培育和发展一批成长性好的企业。

第三，加强产业集群移动互联网、云计算、大数据、物联网等新一代信息技术在产业集群中的应用。加快信息技术对传统产业的改造，支持企业设计、制造、管理、销售、服务等关键环节的信息化应用能力提升，发展网络制造等新型生产方式，开展网络实时诊断、流程优化再造、云服务等新型服务。

第四,"设计+"企业应带领产业集群与高校、科研机构建立"产学研用"协同创新网络,采取多种形式建立产业集群研发中心、设计中心和工程技术中心等。培育建设一批产业、产品协同研发平台,推动产业集群共性技术研发和推广应用,引导创新资源向集群集聚。鼓励和引导企业间联合组建产业联盟或研发联盟等新型合作模式,强化产业链整合和供应链管理。

第五,"设计+"企业要主动推动产业集群合作交流,以培训、研讨、展览、项目对接等方式为媒介,促进人才、技术、资本、服务、信息等创新要素的流动和共享。

◎ **智慧湾科创园——构建文化创意产业聚合的典范**

智慧湾科创园位于上海市宝山区蕰川路 6 号,占地面积 230 亩(约 0.15 km²)。园区聚焦 3D 打印、智能微制造、VR/AR 和人工智能机器人编程中心,集园区、社区、育区、展区、商业区和以体育为主的休闲区于一体。

智慧湾园区四期以机器人及智能硬件研发服务为核心,以区域内特点鲜明的 3D 打印研发中心支撑机器人产业研发及制造,整合行业资源,协同引入相应的机器人产业及商业配套企业以及机构。

智慧湾文化创新产业聚合的一些标志性项目有如下几个。

a. 中国 3D 打印文化博物馆

在改造设计上,博物馆保留了老建筑一至五楼贯通的送货大滑道,将历史与创新相融合。馆内有常设展厅、主题展厅、3D 打印材料图书馆、3D 打印研究中心、创意廊、互动展厅、映像展厅、3D 空中花园、3D 儿童活动中心九大功能区，兼具历史文化教育、文化体验等多重功能。馆内收藏了 3D 打印技术在各领域的创新设计和应用成果，各类 3D 打印成品琳琅满目；形似月亮、莲花座等的金属艺术品，是利用金属 3D 打印技术 SLM（选择性激光熔化）制成的；尼龙材质的超现代风格茶几、灯具，则是利用 3D 打印革新技术制造而成的；奇妙的莫比乌斯环利用 3D 打印黏结成型工艺制成。博物馆四楼设有儿童活动中心，家长可以带孩子体验 3D 打印的乐趣，寓教于乐。

b. 星巴克集装箱概念店

星巴克集装箱概念店由 6 个极具工业风风格的集装箱交叠穿插构成。门店整体共有 2 层，1 楼由两个大集装箱组成，设有点单区和用餐区，其中用餐区墙上悬挂着用 3D 技术打印出来的美人鱼；2 楼的空间由 2 个露台、室内用餐区及空中连廊组成，其中用餐区墙上的 4 幅画作都是有关咖啡豆种植的场景，集装箱的尽头是一处小型会议室。值得注意的是，斜倚在一楼集装箱上的是两个相向的集装箱台阶，空中的连廊将两处空间连接起来，这两处通道未来将设置艺术装置。

c. 依弘剧场

依弘剧场一方面为戏剧界敞开大门，演出大量的传统剧目，传承戏剧传统文化；另一方面为孩子们量身定制京剧音乐课本剧，聚焦中华传统文化，串编神话中嫦娥奔月、精卫填海、大禹治水、牛郎织女等经典故事。

d. 艺术之桥空间

艺术之桥空间由广西师范大学出版社（上海）有限公司及其海外下属公司英国 ACC 艺术图书出版集团、澳大利亚 Images 出版集团共同打造。入口处由手工竹编形成流动形态的展区，店内围绕一棵树木设计了装置中庭，此外还有各类文创产品及中英文原版书籍展示。

e. 光储充一体化超级充电站

2021 年 7 月 17 日，特斯拉华东首座光储充一体化项目正式落地智慧湾园区。充电站通过太阳能屋顶系统发电后，将电能储存在 Powerwall 电池中，最终可供部分纯电动车日常充电。太阳能充电板、Powerwall 储能电池和充电设施形成一个微网，共同完成日光这一清洁能源的可持续利用。

f. 星际迷航 VR 体验馆

星际迷航 VR 体验馆注重虚拟现实互动，旨在让更多的普通市民了解相关科学知识。

g. 上海首座科普公园

上海科普公园集科普内容服务、科普会展、科普论坛、科普旅游、科学健身于一体，旨在实现产业科普与科普产业的良性互动和有效结合。在建成 3D 打印、VR/AR、智能微制造和人工智能机器人编程教育 4 个中心的基础上，又形成了 12 个科普场馆和 12 个科普实践区。以创意、创新、创业为目标，针对科普产业的要求，为入驻科技企业搭建平台，进行科学普及和成果展示。

h. 上海首个混凝土 3D 打印书屋

3D 打印书屋所用材料为混凝土，没有钢筋，加入了能抗拉的纤维，性能和普通混凝土类似，甚至更好，同时也能防震，还灌注了泡沫混凝土以起到保温的作用。

i. 世界最大规模的 3D 打印混凝土步行桥

该步行桥全长 26.3 m，宽 3.6 m，桥梁结构借鉴了中国古代赵州桥的结构方式，采用单拱结构承受荷载，拱脚间距 14.4 m。与同等规模的桥梁相比，该桥梁主体的打印及施工未用模板，未用钢筋，大大节省了工程花费。该步行桥的建成，标志着中国 3D 混凝土打印建造技术进入世界先进水平。

j. 蔚来汽车展示交付中心

该中心占地面积高达 15 000 m²，包括车辆交付区、新车检查区、上牌装潢区、展厅、新车存储区五大功能区域，具备每天 100 辆新车交付能力。

七、点亮民众的美好生活

随着消费需求的不断升级与迭代，对当下的年轻人来说，逛街不再是简单的购物与吃饭，而是逐渐转变为具有社交属性和情感属性的活动。购物中心的设计也通过场景打造、沉浸式体验设计、精细化运营设计，不断追求精神娱乐下的多元化消费需求。

设计的本质是解决问题。好的设计提供一种认同感，认同感来自两方面：其一是来自外界的认同，为用户提供细节的关怀、良好的沟通及情绪价值；其二是自我的文化认同。

　　早在 20 世纪 80 年代初，迪特·拉姆斯（Dieter Rams）就提出了好设计的十大原则：①好的设计是具有创新性的，应该尽力开发新技术，因为新技术给创新设计提供了新的机会；②好的设计是好用的设计，产品是用来使用的，但不仅要满足使用功能，同时也要满足心理功能、审美功能；③好的设计是好看的、具有审美水平的，好的设计，是既好用又好看的，也就是形式和功能是统一的，只有满足人们各方面功能需求的设计，才有可能达到好看的水平；④好的设计是容易看懂的产品，不是看了不知道怎么用的设计，产品设计需要交代清晰结构，最好的设计是产品能够自己解释自身使用方法的设计，无须说明书帮忙；⑤好的设计是不显眼的设计，好多产品都是工具，无须艺术装饰，因此，这类产品应该中性、低调，给使用者自己发挥的空间；⑥好的设计是诚挚的设计，产品的使用目的达到了，无须画蛇添足地创新、表现、增加价值感，更不要给消费者产品本身没有或者达不到的空头许诺感；⑦好的设计是经久耐用的产品，设计要避免追逐时尚，普通产品总是可以使用好多年，即便在当今这个用毕即弃的社会中，耐用的产品依然可以毫不过时地使用下去；⑧好的设计是精心关注细节的设计，在设计中不要留下任何不足、遗憾，设计程序准确细心，是对消费者负责；⑨好的设计是保护自然环境的设计，当今的产品设计是环境保护的重要手段，一方面通过产品的生命周期保护自然资源，另一方面减少物理、视觉上的污染；⑩好的设计是尽量做到少设计，因为少设计迫使设计师集所有的产品关键于一身，产品不必为非需要的功能承受沉重的负担，设计因此纯粹、简单。

◎ 上海愚园路改造

上海的愚园路改造项目是近些年城市微更新的代表作。上海长宁区的愚园路全长约 900 m，连接静安寺和中山公园，属于繁华地带之间的"过渡段"。在过去 20 多年间，这条街成为上海百岁老人最多的街区，整条街道从基础设施到商业形态都显得古老、陈旧，和周边高速发展的新区域格格不入。愚园路改造团队试着避免"清空式"的街道改造，尽可能保持这条历史名街原有的特色，给它做一场"微整形手术"。建筑设计互联网平台"AssBook 设计食堂"的联合创始人尤扬和《城市中国》杂志的编辑李娟共同发起愚园路改造行动，邀请建筑师、设计师和社会学者一同参与，希望用设计来唤醒城市街区。

改造之后的街区，获得了居民们的好评，成了孩子们喜爱的互动场所，而且每一个带有温度的小改变，都成了潮人们的打卡景点。

八、推动传统企业的数字化转型

洛可可创新设计集团董事长贾伟说:不能数字化的企业,是时代的遗孤。"数字经济"从 2017 年至今已经数次被写入政府工作报告中。"十四五"规划更是单独设篇并用 4 个章节明确了国家推进数字化的目标和决心。如今,数字化转型已成了国家战略,早已不只是企业和个人的行为了。企业领导者和数字化转型的推动者,必须要深刻认识到数字化转型的重要性和迫切性,在战略、能力、产品、运营、人才、组织等方面统筹规划,实现全方位的变革升级。

企业领导者要不断追问以下问题:为什么要数字化转型?不转型行不行?晚几年转型行不行?数字化转型的目的是什么?数字化转型对企业有哪些好处?数字化转型的价值和意义是什么?采购或研发几套工具软件是不是就完成了转型?

提升竞争力是企业的诉求。数据已经成为除土地、劳动力、资本和技术等传统经济增长要素外,推动经济增长和产业变革的新的核心要素。在这场数字化浪潮中,谁掌握了数据,谁就是主导者。如今,企业数字化转型的驱动力主要来自两个方面:一是自身动力;二是外部压力。我国企业,特别是传统企业的数字化还处在萌芽和起步阶段,亟须借助数字化的手段提升和创新现有的运营模式、管理能力,从而增强企业竞争力。这是企业数字化转型的内驱力。而来自企业外部的压力在于政策号召、科技引领等几个方面。在数字化的浪潮中，每一个企业都无法逃避转型。

企业数字化转型是指企业利用新一代数字技术，将某个生产经营环节乃至整个业务流程的物理信息链接起来，形成有价值的数字资产，通过计算反馈有效信息，最终赋能到企业商业价值的过程。数字化转型是举措，而非目标。数字化转型可以看作一场工具和决策的革命。工具革命即新时代的数字化技术已经发展成熟，谁最先有效利用这些工具创造和提升竞争力，谁将先于对手取得主动权。在未来，是否使用数字化技术已经不取决于企业自身，随着同行数字化竞争力的提高，企业必须进行革命。

在新工具革命背景下，企业的决策也要进行相应改革，企业应利用数字化思维，根据数据进行决策，而不是像以往那样靠经验决策。企业家不仅要关注企业内部情况，还要关注上下游伙伴的情况。关注的范围扩大了，才能以生态思维来指导未来决策。因此，当今企业"设计 +"的过程必须运用数字化相关技术和工具，推动企业转型，从而将数字价值叠加到企业的商业价值上，增强自身竞争力。

20 年前，如果我们要购买一本书，通常要跑一趟书店，我们可以将其效率相关的指标定量为"至少花费半个小时"。当互联网电子商务出现以后，如果想买一本书，不论什么时候都可以拿起手机，打开电商平台，经过"搜索—点击购买按钮—填写配送信息—付款"的操作步骤搞定，总共花费的时间不会超过五分钟。对购买者而言，同样是满足购书这样的需求，可以选择去实体店，也可以选择在移动电商平台上购买,两者对比,客户消耗的时间,从至少半个小时减少到最多 5 分钟,两种购买方式之于用户的价值可见一斑。零售企业从传统实体店到电商平台的数字化转型,为用户创造了更大的价值,充分体现了数字化转型的力量和价值。

其实,书店在网上经营的动作与实体店类似,比如,需要在网上平台开店、装修、上架图书,同时还包括订单确认、咨询回复、退换货等服务和售后工作。买家在进入店铺后,从逛店、翻阅到加入购物车、结算、离开,全程无须店家介入,将来越来越多的工作交由服务机器人代替。与实体书店不一样的是,网上店家并不需要将图书提前搬到店里,而是等买家下单后,通知仓库直接寄送给买家,而仓库可以在任何地方,根据买家邮寄地址就近发货。这种方式大大减少了图书从仓库到书店的不必要的搬移,消除了中间不必要的成本消耗,为进一步降低图书价格创造了条件。

从上面的例子中可以看出,实体企业通过数字化转型,提升了交易效率,节约了客户采购的时间成本,降低了图书价格,为用户创造了价值。

随着虚拟数字世界不断推动着人类社会的转型升级,作为社会细胞的企业组织,需要围绕用户价值这一核心使命,不断优化完善,包括每一个环节、每一根链条和每一个元素。

总结起来,企业数字化转型的本质是利用数字技术实现全方位的赋能链接:客户、采购、生产、运营、产品、渠道、营销、销售、服务、人力资源、财务、资产等企业生产经营要素,在深度、广度上的连接会不断深入和细化,全体人员在企业

使命、愿景、价值观感召之下，充分利用数字化技术和手段，
为用户创造越来越大的价值。

　　企业数字化转型，也是商业模式的升级，借助数字化转
型，企业可以从一个相对低效的模式升级到一个更为高效的
模式。企业数字化转型是"设计 +"的重要使命。

第三节 "设计+"的七大要点

一、风中取势,引领消费

什么是风中取势?我们搬起一块石头,手一松石头会掉在地上,这就是势能。如果我们搬高一点,让石头从山上向下滚,势能就更大一点。如果这块石头是从太空撞向地球的,那所有人都会惴惴不安,不知道要砸到哪里。但只要这块石头落地了,人可以站在上面了,就没有了势能。而要来但还没来的,就是趋势。做企业需要研究和抓住这样的商业趋势。

风口是很多人最关心的问题。我们要了解人们的需求,从这个需求里寻找趋势。要知道,有的"风"是短暂的,有很大的不确定性,就像人们常说的"一阵风"。但有的"风"力量很强大,人们对美好生活的向往是最长久的风口。风中取势，是指我们能借助"风"的势能，来经营企业。但"风"
又是不容易捕捉的，最好的结果是在趋势到来之前做足准备，
当"风"出现的时候，我们正好迎头赶上。古往今来的成功者，
都是善于筹策，善于蛰伏，以等待行动的时机的，不动则已，
动则一鸣惊人。

　　一只南美洲亚马孙河流域热带雨林中的蝴蝶，偶尔扇动
几下翅膀，可以在两周以后引起美国得克萨斯州的一场龙卷
风，这是蝴蝶效应。这说明趋势可能由小的变量引起。企业
家需要保持一定的市场敏锐度，窥一斑而见全豹，落一叶知
秋至，不能等到国家已经出台了政策，竞争对手已经起跑了，
还在岸边懵懂观望。

　　近二三十年，中国的风口非常多，我们耳熟能详的有"互
联网+"、房地产、平台经济、直播……而最新的风口，可以
说就是"设计+"和"Z世代"的崛起，这两个风口将又一次
引领企业的发展和消费市场的新潮流。

　　2022年后，"Z世代"（1995年至2009年出生人群）开
始成为新的消费主力军，他们在消费中不仅要满足日常生活
需要，还要追求个性化的方式。他们追求的不仅是物美价廉，
还有产品"颜值"、品质以及科技感等附加体验。

　　对企业而言，为产品找到精确的消费群体至关重要。紧
跟时代潮流，识别人群，找准用户，持续为消费者提供产品
服务，企业才能在商海起伏中行稳致远，消费需求才能健康、
持续提振起来。

　　在当前形势下，如何更好地发挥消费在建设新发展格局

中的引领作用？必须以满足人民日益增长的美好生活需要作为出发点和落脚点，扭住扩大内需战略基点。企业作为社会再生产的重要组成部分，在引领消费方面将发挥更加重要的作用，通过消费拉动国民经济高效循环，推动经济高质量发展。消费作为"生产、分配、流通、消费"循环的起点和终点，是一切社会形态中生产的最终目的。消费状况是对生产发展状况、生产水平和质量，以及生产关系的最终检验。只有充分发挥引领消费的作用，社会再生产各个环节才能正常运转，流通的桥梁纽带作用才能更好地发挥，产业结构和产品结构才能更好地满足消费需求，国民经济循环效率才会更高，企业才能可持续发展。

在新的风口上，企业如何更好地发挥引领消费的作用？企业要掌握风中取势的方法，要认真研究消费需求，研究新时代人们的生活方式，从而保证差异化、品质化、品牌化的商品供给，满足多样化消费需求。

二、成于专注，专特精新

为什么讲成于专注呢？有两个原因。一是企业如果有多种盈利模式，就会有不同的人来经营，会存在管理问题和纠纷，给企业管理带来不可调和的麻烦。牛马共槽，马瘦牛不瘦，即牛马争食，马争不过牛。在企业的设计过程中，公司的设立要按不同的人群、不同的盈利方式来设计，否则，就会出现内部互相推诿、闹矛盾的现象，所以在构建或调整企业架构的时候要注意这一要点——牛马不同槽。二是企业专注于一个主营业务，有利于实现规模化，成为细分市场的龙头，有利于实施国家的专特精新的战略。按照工信部的定义，专精特新即"专业化、精细化、特色化、新颖化"，而专精特新的"小巨人"企业则是其中的佼佼者，是专注于细分市场、创新能力强、市场占有率高、掌握关键核心技术、质量效益优的排头兵企业。"专精特新"一词在诞生10年后被重新提及，离不开特定的时代背景。2022年7月30日举行的中共中央政治局二季度会议指出："要强化科技创新和产业链供应链韧性，加强基础研究，推动应用研究，开展补链强链专项行动，加快解决'卡脖子'难题，发展专精特新中小企业。"首次将"专精特新"和"补链强链""卡脖子"联系在一起。

日本的"味之素"味精厂就是一家典型的专精特新企业，它卡住了全球芯片企业的脖子。味之素在制造味精时产生的副产物ABF（味之素堆积膜）是一种用绝缘性极高的树脂类合成材料制造的薄膜。目前，全球芯片在制造过程中都要使用ABF。ABF材料市场不大，技术门槛却非常高，味之素公司占据了90%以上的市场，几乎没有替代产品，这就是专精特新的威力。

由此可见，专精特新企业都拥有各自的"独门绝技"，在产业链上具备一定的话语权，类似于隐形冠军——它们大都是中间制造商，瞄准"缝隙市场"，在细分领域建立了竞争优势，甚至在一定意义上具备了垄断的话语权。这样的例子有很多。

专精特新企业"小而尖、小而专"，长期专注于某些细分领域，在技术工艺、产品质量上精耕细作，具有专业程度高、创新能力强、发展潜力大等特点。企业家要专注在细分领域，建立竞争优势，苦练内功、强化创新，抓住新一轮科技革命和产业变革的机遇，牢牢掌握核心环节和关键技术。

三、做大做强，转型升级

自党的十九大提出了高质量发展的要求以来，国家出台了一系列政策，释放了一系列信号。值得留意的是，其中有三项内容被反复提及：要做强，要着眼于打造企业的核心竞争力，不再只是追求规模和数量，不能多而不精；要高端，要走向价值链高附加值环节，不再只是满足于低价值的产业链分工；要补短，要掌握核心技术，不再只是做其他国家的技术附庸。

这三项内容共同指向同一个问题，即中国企业的业务布局困境。在发展的主题从"做大"进阶为"做强"的格局要求下，中国企业的业务布局困境愈发凸显出来，势必成为"十四五"期间不得不正视的重要议题。

中国企业在业务布局中常常陷入两类困境：扩张，资产规模做大了，但是资产没有出口，无法变现流通；管理，运营团队做强了，但是管理团队臃肿，导致成本增大，利润降低。这两类的"做大做强"，使得企业在风险来临的时候，毫无抵抗力，没有竞争力。

企业在做"设计+"的时候要注意以下要点。企业的升级，不是只将规模再升级，规模要有，但是规模是专注的结果，不能舍本逐末；要将盈利能力升级，从单一盈利向多元盈利转型。企业的转型，不是原来开服装厂，现在去开饭店，后天去开个培训机构，再去搞投资机构。这不是转型，这是为了补洞而补洞，不能解决企业转型的本质问题。

比如，开服装厂的毛利比较高，但有一个最大的痛点——库存，一旦过季，服装就不好卖了，尤其是女装，变化更快，所以要解决的问题是去库存。什么生意没有库存？饭店没有库存，所以做服装生意的人会觉得饭店或许是个好生意。

虽然饭店能赚钱，也没有库存，可是饭店有装修的成本，三年翻新一次。过了几年，摸摸口袋，留下来的钱没有，店变大了，贷款变多了。开饭店的人头痛于装修需要成本，就想找一个不用装修的行业，培训机构只要租一个地方，不用装修，有几个老师就可以开始。办培训的人，以老师能力强来吸引学生，随着老师的品牌变强，管理成本也跟着上升，于是升级到平台模式，将多个老师捆绑在平台上，强调平台的价值，这是常规的模式，最后还是劳心劳力，觉得还不如去搞投资，让别人做，自己赚钱。做投资的人呢？因为要靠投赛道，投概率，时间久了，觉得还是做点实业更实在，尤其现在要振兴实体经济。所以，兜兜转转"转型"一圈，回头又继续开服装厂。

这是中国企业的转型现状，补洞式的"转型"。这其实不是转型，是换一种形式卖货，只是卖的货不同而已，盈利的逻辑还是很传统。在产品供不应求的时代，这是可行的。但是在全球化竞争的格局下，再这样做既浪费时间又浪费金钱。

转型是盈利方式转型,升级是盈利能力升级。比如,长虹、国美、京东,它们都卖家电。长虹生产电视,赚产品的钱;国美提供卖场,赚场地费,赚资金沉淀的钱;到了京东的时代,京东建一个平台做广告,互联网企业,羊毛出在猪身上,消费者获得了好处,平台也能得到发展。如果有一天,家电不好卖了,长虹会倒闭吗?当然会。国美呢?不会,因为倒了一家生产企业,还有很多家。而对于京东这样的平台来说,只要客户还要到它那里去,就能收广告费。

四、未来变现,以果决行

什么是未来变现,什么是过去变现?

先来说过去变现。比如,我们投资了 100 万元,产生了 200 万元的产品的销售额,花了 150 万元的成本,余了 50 万元的利润。因为过去投资了,过去努力了,现在有了 50 万元的利润,这是我们传统的赚钱思维。但是过去变现有一个问题:滞后。过去变现是一份付出,一份回报,没有任何杠杆,与别人无关,通过努力和投资,才能赚到 50 万元的利润。这样我们也不愿意让别人来入股,因为如果别人出了 40 万元入股,要分走 20 万元,我们自己只赚 30 万元。

什么是未来变现?保险公司就是未来变现。先收保险费,至于什么时候才付这笔钱,要等发生了事故才付。未来变现,就是将未来才赚的钱,现在就拿回来。

曾经有这样一个故事非常流行:"有一个中国老太太和一

个美国老太太，中国老太太攒了 30 年钱买了一套房子，刚住进去，人去世了；美国老太太贷款买了一套房子，住了 30 年，贷款还完后人去世了。"相信很多人对这个故事有印象，故事说的事情非常简单，本质只有一个：未来变现。但这不是鼓励大家透支未来，恰恰相反，未来变现是站在未来看现在，用未来引领现在，将未来的钱拿到现在。"设计 +"的本质，就是要用空间换时间。我们的成功是要在三五年内，把别人 100 年以后才能做到的事情提前做到。所以，"设计 +"是活在未来，提前设计结果，以结果决定行动的策略。在商业设计上，就是做到活还没有干，先收钱。可能有人觉得未来变现很难，恰恰相反，未来变现很普遍。比如，有一个词叫市盈率，市盈率 30 倍，就是上市公司按照年利润乘以 30 倍，就是公司的市值。如果你持有这家公司的股权，在股市上卖掉，一下子就可以将 30 年的钱拿回来。

公司一开始就要按上市公司来设计，这也是一种未来变现思维。因此，未来变现，以果决行，也是"设计 +"的工具之一。

五、超级分拆，生态可续

在人类的发展史上，出现过很多致死率非常高的病毒，如天花病毒，出血性天花的死亡率高达 97%；HIV 病毒，目前尚无可靠的疫苗和特效药问世；还有埃博拉病毒、汉坦病毒、马尔堡病毒，都是近代才出现的新型病毒。虽然很多病毒致死率非常高，可也有少数人能够避免感染，这是因为有些人天生就有抵抗力，正因为有这部分人的存在，人类在历次与病毒的交锋中才能幸存下来。所以，有专家认为，人类为了与病毒做斗争，不被某个超级病毒"团灭"，通过生殖的方式，不断优化组合我们的基因。所以，人类是放弃了个人的永生，换来了人类的永生。这个理论在企业设计上也是极其适用的。

企业只要有成立的那一天，就会有解散的一天，这是常识。所以，追求单个企业的可持续是不明智的。每一个企业都有其成立的使命，使命完成，就是其解散之时。产品只要生产出来，就有消失的一天，这也是常识。没有哪个产品可以永存，但是人追求幸福生活的意愿是永恒的。做企业要学习我们人类自身，要"生殖"一批企业，去追逐风，追逐太阳，各领风骚十数年。将企业做成生态集团，其中的"子"公司，"孙"公司都可以倒闭，而母体"永生"。

其实，分拆技术是宇宙运行的规律之一。一片树叶、一片雪花都可以不断分形。分形的规律都遵循着费根鲍姆常数。在企业的架构设计中，我们常用的分拆方式有以下几种。

业务分拆：按制造、流通、采购、服务、研发、资本等分拆；项目分拆：按资源型、现金型、成长型、利润型分拆；公司分拆：按渠道、品牌、总公司、子公司、分公司分拆；资本分拆：按所有权与使用权分拆。

分拆可以抵御风险，利益共享，做大规模。企业家给自己的企业做设计的时候要关注这个要点。通过超级分拆，一方面，一部分生产环节从原有的企业内部分离出来，由另外一些独立的企业来承担；另一方面，也正是由于原有企业的生产专业化加强了，为生产规模的扩大和集中发展创造了条件，企业可能变得更大了。对于经营从原来企业内部分离出来的项目的企业来说也是如此。社会分工发展的另一种形式是在现有生产的基础上创造新的分工关系，即创造原来没有的生产，这一点在当代科技革命的发展过程中表现最为突出。一系列中小型高科技企业的建立，正是利用新的技术，生产和提供以往并不存在的新产品和服务。

六、发布平台，货和人的发布

企业要持续不断地将产品卖出去，不断找到发展的资源、资金、人才、项目，就要重视发布平台的选择。这里的发布，一是产品要发布，二是人要发布。除了发布人和货，代理商、消费者、股东、企业家，有什么样的故事，都需要传播和推广。

前面提到，现在很多企业将小红书、抖音、B 站、知乎、设计得到、材料美学馆，当成发布平台。比如，首先在小红书和抖音上生产 10 000 份内容，在 B 站和知乎上生产 5000 份内容，在材料美学馆线下展示，持续发布，让客户所见即所得，刷到即买到。而且，任何人在线上推广产生销售后，线下的门店渠道也能分到服务的佣金，而线下门店也能做分享推广。这些企业就是抓住了线上线下的机会，抢先一步占领发布平台，在竞争中取得了优势。

但很多企业家还在原来的商业逻辑里，靠地网，靠销售人员，靠门店的导购推广。技术的力量很重要，"互联网 +"、大数据、人工智能、区块链，这些信息与网络技术的发展，企业要重视起来，利用起来。

天地人网如何打通？天网做内容、宣传，主要是品牌方、制造商做；地网做转化、服务，主要是渠道门店做；人网做分享、传播、销售，且是全员都要做，不仅是企业内部人员，还要将顾客也设计进来一起做，所以要靠数字化技术。用户在线上搜了什么东西，有什么习惯等数据要抓取，所以企业要有自己的数字化体系。现在，有许多软件公司可以提供这方面的服务，收费低廉，甚至有的是免费的，有的也可以提供技术托管服务。

许多企业家对什么是数字化转型，什么是线上线下，什么是"天网""地网""人网"还不清楚。不知道应该由谁当转型的主要责任人，要么当甩手掌柜，要么管得太细。有的企业提到数字化，就去网上开店，但是线上店会抢线下店的生意。有的企业开了线上店后，接单分给线下的渠道门店，但是每年还要花费线下的开店维护费，白白增加成本。当然，也有一些企业开网店是为了多一条腿走路，防止代理商反水，但是代理商也会这样想，也在找更好的出路。

出现这些问题，都是粗放的管理导致的。以前，代理商是按区域来划分的，既要管销售，也要管服务。比如，乌鲁木齐的人想买货，上海的代理没有办法去服务，即使去服务，也意味着抢了新疆代理的生意，而现在由于网络技术发达，一个上海的人发朋友圈，美国的朋友也能看到，所以现在的营销必须考虑无区域推广，而服务要在当地。好在现在的技术条件完全成熟，可以以极低的成本实现。所以，企业要注意这个问题。

七、分工合作，共创共享

"一个篱笆三个桩，一个好汉三个帮。"要获得事业上的成功，不能只靠个人的力量，更需要别人的帮助。得到越多人的帮助，就越容易成功。每个人的能力都有一定限度，善于与人合作，弥补自己能力的不足，才能达到自己原本达不到的目标。

我们知道，所有企业都存在于产业链条中，处理好与上下游的关系是企业存亡的关键。这好比在食物链中，狼吃羊，羊吃草。虽然狼不吃草，但是没有草，狼就无法生存。企业的供应链也有这样一种相互依存的关系，生产企业如果没有原材料，甚至毛坯料都要自己去做粗加工，那样生产周期就太长了，所以还要依赖于供应商。生产出来的产品，即使质量再好，如果整个销售网络没有打开也不行。这些都说明，无论个人还是企业都不应该孤军作战。

值得关注的是，现今企业的产业链在不断延伸。一些国际知名企业的产业链大都延伸至 10 个国家以上。事实上，合作伙伴的多寡是衡量一个企业成功与否的依据之一。合作伙伴数目的增加有助于提升公司自身的能力。比如，微软之所以有今天的地位，与它有 2 万多个合作伙伴有直接关系。

如今，生产商、运输商、销售商等通过资本纽带进行联合，大的工业链正在形成。在此趋势下，参与资源整合非常重要。

资源整合能力必将成为企业的核心竞争力之一。企业要强化整合资源的理念，提升整合资源的能力，让社会资源为企业发展服务。具有垄断资源优势，或掌控市场渠道，或拥有自主知识产权和品牌等要素的企业，必将成为资源整合的龙头，享有资源整合的优势，处于资源整合的主动地位，也是资源整合的推动者。

管理学界最近有一句话很为企业界所认可："未来的竞争是价值链对价值链的竞争，是产业集群对产业集群的竞争，是联盟对联盟的竞争。"竞争的手段有千千万，竞争力体现的方式和场合也五花八门。与强者结成牢固的战略联盟以使自己有竞争力，就是其中的一种。在市场经济的环境中，企业如果要和另一家强势企业结成战略联盟，就必须努力成为对方价值链上重要的一环。在科学技术日新月异、商务通信极为发达的现代社会，单枪匹马打天下已不合时宜，合作伙伴的好坏决定今后合作的愉快与否以及事业发展的强弱。对此，一定要慎重，要以理智的头脑去选择合作伙伴，保证合作的成功。

自己的力量是有限的，这不单是商人的问题，也是我们每一个人的问题。但是只要有心与人合作、善假于物，就能取人之长、补己之短，而且能互惠互利，让合作的双方都能从中受益。

然而，现实生活中的合作有时很难成功。创业时，彼此尚能同甘共苦、同舟共济，而一旦有了胜利果实，就会为各自的利益争个面红耳赤，最终导致合作失败。所以，这就需要我们在选择志同道合、素质高的合作伙伴的同时，提前设计好分配的机制。单单以友谊为纽带、以感情为基础的合作，终究是不可靠的。

分工合作，共创共赢，最重要的是企业家要弄明白，别人为什么要跟着你干？感情有时候具有不可替代性，但除了感情因素之外，别人跟着你干主要追求什么？要仔细罗列，其中两点是最重要的。第一是收入。有时候大家对这个问题羞于启齿，或者用事业心、企业文化淡化收入的重要性，这是不对的。企业家要明白，员工工作想要获得好的收入，改善自己的生活，是非常正当的，是可以放在桌面上说的。在条件允许的时候应该满足他，做出多少贡献就应该给多少报酬，如果有特殊贡献的话还要给予特殊的收益。第二是追求，是个人自我价值的实现。每个人都希望个人的价值得到上级、同事，以及同行的认可。要创造这样的环境和条件，为员工搭舞台。

我将无我，不负人民，是领袖的文化；我没有追求，员工的追求就是我的追求，是老板的文化。企业家应该通过分工合作这一工具，将合伙人、资源股东、高管、员工、投资机构、上下游紧密地团结起来，共创共赢。

第四节 "设计+"的五大原则

一、安全原则

企业安全，盈利才能可持续。可是我们都知道，企业只要经营就有风险，只要创立起来，就会有关闭的时候。那如何做到可持续，如何做到安全呢？

在设计公司的时候，要做公司架构设计，有风险的时候可以扛过去，不能扛的时候，要及时关停并转。只要母公司还在，团队还在，放弃局部业务公司的生死，可以换来集团公司的永生。所以说，企业"设计+"谈的可持续是指集团的可持续，是集团的安全。当然，经营的公司风险我们也要重视。经营风险是指企业在经营管理过程中可能发生的危险，一般包括以下几类。政策风险：宏观经济调控及产业政策导向对行业、产品的影响。市场风险：指本企业产品在市场上是否适销对路，有无市场竞争力（技术、质量、服务、销售渠道及方式等）。财务风险：指企业因经营管理不善，造成资金周转困难，甚至破产倒闭（资本结构、资产负债率、应收应付款及现金流问题等)的风险。法律风险：签订合同不慎，陷入合同陷阱，造成企业严重经济损失（违约、欺诈、知识产权侵害）等。团队风险：指核心团队问题及员工冲突、流失和知识管理等。

在实施"设计+"的过程中，应该牢固树立风险意识，切实采取防范措施，最大限度地防止经营风险。安全的第一步就是公司集团化、股东法人化。只有规避了风险，企业才能做到"明知山有虎，偏向虎山行"。

二、系统性原则

坚持系统性观念，要加强前瞻性思考、全局性谋划、战略性布局、整体性推进，科学统筹企业可持续及盈利两个大局，科学统筹发展和安全两件大事，坚持企业"设计 +"一盘棋，注重防范化解重大风险挑战，实现发展质量、结构、规模、速度、效益、安全相统一。

系统性观念说起来容易，做起来难，因为补洞式、局部式思维已经深入我们的思维。比如，在城市规划方面，过去有一种理论将城市分为居住区、商贸区、工业区、政务区，这就是切块式的思维。

有一些商学院的课程也是模块式的，将企业的部分职能分为十几个模块，虽然每种管理理论都是对的，但都是局部式的、补洞式的。系统性观念也是一个哲学概念，在我们的传统文化中保留了极多，我们可以从传统文化书籍中学习。

三、四大理念原则

"设计 +"有四大理念，分别是智慧、融合、共享、创新，从务虚到务实，从无形到有形。这四大理念是自然形成的，也是由"设计 +"的本质决定的。"设计 +"的本质是什么？是对生活方式的设计，是用未来引领现在的设计。我们

将这四大理念提出来，是为了以身作则、共启愿景、挑战现状、使众人行、激励人心。各位企业家也可以有清晰的了解，并借助此四大理念，在未来的企业发展设计中做出正确判断。如此，"设计+"的四大理念才有可能驱动企业，引领企业发展。

1. 智慧

我们一般认为，智慧就是指聪明才智，指在日常生活中解决问题的能力。这其实是对智慧的误解，这是智，不是慧。智指的是聪明，应变快，面对问题，一下子可以拿出许多个解决方案。慧就是面对各种解决方案，采用哪一种方案，明知有的方案有损失也要做，有的方案有暴利也不做，不唯利是图，有社会责任心。这也是知止，知止而后有定，定而后生慧。心里有方向、有信仰、有原则，这个人就是有智慧。

"设计+"的四大理念中首要的是智慧，调整企业架构，设计并打开企业对世界、对社会的接口，才能融资融智。智慧，就是要企业软件、硬件分开，将硬件融入产业链中去，发挥更大的作用。要么自己建立平台系统，要么融入别人的系统。

　　"设计 +"的目标就是要帮助企业找到产业链中新的分工，设计企业跟资源的接口，并给参与的利益方分好钱，实现企业的可持续盈利。

2. 融合

　　融合指不同个体或不同群体在一定的碰撞或接触之后，认知、情感或态度倾向融为一体。简而言之，融合产生了新的物种，如盐与水，融合后成为盐水。盐水既不是盐，也不是水，是新的形态。融合，过去是将新的技术、新的理念，新的材料、新的方法、新的工艺、新的时尚融合到一起，形成新的形态。

　　企业"设计 +"的融合分为内部融合与外部融合。内部融合分为技术融合与组织融合。

　　技术融合即将不同的技术形态，理科、工科、文科、艺术等学科通过"设计 +"融合在一起，在生产、流通与消费三个领域形成一种新的产品形态。技术融合在本书里不做重点探讨，但是要注意技术融合中的两个重要内容："数字 +"融合和财务管理融合。因为企业中一个熟练员工、一个业务经理，甚至于一个高管的离开，都意味着技术管理的损失，以及客户的流失，这也是正常的人才流动。但要注意的是，这些人往往先将客户带走，而且由于他们对原来的企业有足够的了解，所以对公司的伤害比较大，所以我们第一步要做好客户关系管理，或者叫客户管理在线化，这是"数字 +"的第一步。然后将线上线下融合，第二步再将财务管理在线化。

组织融合即企业内一切有关要素的结合、汇聚，甚至融合，包括所有权融合、策略性融合、结构性融合等。对于组织的融合，就是有共同认知的人会成为一群人，他们有类似的思维方式和工作方式，他们有共同的命运、共同的使命，企业文化将他们融合在一起。所以，"设计 +"的理念是圈层的理念。企业家要有计划、有目标地做各个圈层，比如，粉丝圈层、代理商渠道圈层、股东圈层，将各个圈层融合在一起，从而形成合力，形成势能，带动企业的发展。当然，中小民营企业家本身也有一个圈层，也需要融合在一起。

企业过去往往重视内部的融合，忽略外部的融合，内部融合也重视技术的融合，忽略组织的融合。

外部融合分为产业链融合与跨界融合。外部融合很多企业往往做得不太好。一是因为企业家很少思考企业在产业链中的地位与分工，二是没有方法，而"设计 +"的理念正是解决这个问题的法宝。

外部融合为什么难？有一个故事：一只母鸡和它的好朋友猪一起商量，鸡说："咱们俩关系这么好，合作点项目吧？"猪说："合作什么项目？"鸡说："我考察了市场，咱们俩合作鸡蛋火腿肠一定畅销。"于是在鸡的动员下，猪经过思考签了协议，生产鸡蛋火腿肠。这个协议签完了，会发生什么事？鸡回去下蛋就可以了，猪却要献出生命。

对很多企业来说，融合就是要变成新的形态，原来的体系都要改变，但这是要他们的命。所以，融合一定要先分拆出来再融合，要设计融合。很多行业的先行者为了改变行业，做了许多整合的事情，想整合起来上市，但最后往往功亏于最后一步，连合并报表都做不到，就是这个原因。

企业外部融合一是跟产业链的上下游融合，帮扶下游，助力上游，跟同行从竞争变成赋能，实现跨界盈利；二是跨界融合，跟行业外的企业融合，赚跨界的钱。

麦当劳应该说是一家懂商业地产、餐饮运营的商业管理公司。为什么这么说呢？我们来看一下麦当劳是如何做跨界融合的。

麦当劳的餐厅门店有两种形式，一种是直营店，就是麦当劳亲自投资运营的店，直营店赚的是商品的差价；另一种是特许经营店，寻找加盟商一起开这个店。作为加盟商，前期需要出资，出特许权的使用费，然后每年将这个店的营业收入分成给麦当劳，也就是品牌授权费。麦当劳授权这家店使用它的商标、产品，给它一套标准化的操作流程。加盟店赚的是三个部分的钱：第一部分是初始保证金，如果想加盟，先要付给麦当劳一笔保证金；第二个部分是授权费，这个部分其实是年度销售额的一个百分比，这个数字在不同地区也不一样，在 4.5% 左右，也就是说，授权加盟店每年要把店里销售额的 4.5% 交给麦当劳作为授权费；第三个部分是加盟店为麦当劳贡献的大头收入——租金，这相当于麦当劳变成了一个二房东，它会先为一个店选好地址，然后做好前期的各种准备工作，而如果想要加盟的话，就要从麦当劳那里租这个店面，因为其他人能拿到的租金和麦当劳能拿到的租金完全不一样，所以麦当劳可以在中间赚一个差价。

正因为租金占了麦当劳每年利润的大部分，所以有些人会说，麦当劳其实是一家房地产公司。因为麦当劳利用的是自身品牌好，能带动周边场地的效益甚至地价，通过麦当劳的选址和后续操作，让地价升值，然后转租给别人，这和一个地产商确实没有什么区别。但如果麦当劳没有认真经营快餐产品，没有把自己的品牌做好，不能通过自己给周边区域带来人气的提升和地块的升值，也就不会有人和它合作。所以，麦当劳应该说是一家懂商业地产、餐饮运营的商业管理公司。开发房地产的战略不仅为麦当劳带来了利润，更重要的是由于控制了房地产权，总公司才能要求加盟店按照其规则行事。

麦当劳是如何保护自己，不让加盟者将麦当劳的招牌取下，换上自己的招牌，而拒缴加盟金的呢？如何能使加盟者按照其希望的方法来制作汉堡包、管理店面、设定菜单呢？经验表明，加盟合约有时候并不产生作用，因为在发生这种纠纷时，法院一般会同情弱者，不会站在大公司这一边，而房地产租约却是最好的"教鞭"，可以完全掌握加盟者的行动。

麦当劳这种以经营房地产谋利的方法，使得加盟者与总部之间不但利益不冲突，反而能站在同一战线上。在加盟者成功地实现高营业额之前，麦当劳只收取很低的基本租金。当营运状况上升到一定程度时，租金才由基本费用转换为按营业额的百分比计算。麦当劳一定要等到连锁店开始缴纳营业百分比式的租金时，投资才开始回收。对麦当劳来说，最能够增加收入的方法，便是监督各店的运营，鼓励各店开拓市场。这样，麦当劳一贯坚持的品质、服务、卫生标准最终多在经营中得以落实。

将别人变成我的一部分，这是企业的内部融合，这是"吸星大法"，无中生有；将我变成别人的一部分，这是企业的外部融合，这是"嫁衣神功"，有中生无。

总而言之，"设计 +"融合是技术发展所驱动的，是帮助企业顺应技术发展的趋势，是提高公司治理体系和治理能力现代化的一项顶层设计。

3. 共享

资本架构学的创始人周雷忠曾经讲过一个小寓言故事。有一只猴子去学了成功学，超越了自己，爬树摘到了很多果子，他的成功激励了很多小动物。猴子介绍经验说，要学习，要努力，要冲得更高，才能摘到更大、更多的果子。粉丝里面有一只猪，本来树还不太高，猪抬抬头也能吃饱，但是听了成功猴子的话，不成功是不努力的结果，是追求的目标不够高的结果，是不学习的结果，于是猪有了干劲，以为找到了未来，于是它每天向树上冲，本来冲得不高还没事，现在冲得高了，摔下来更重了，猪蹄都摔坏了。猪再一次迷惘了，它呆呆地看着树上的猴子，脑中灵光一现：猪天生是不会爬树的，自己手短身长，而猴子手长灵活；猴子也分三六九等，有的猴子方法多，摘得更多，有的摘得不多。猪慢慢地研究，找到了多摘果子的规律，原来爬树是一门科学，很多猴子没有好好学过。掌握了规律后，猪开始做咨询，它叫猴子过来说："你爬得不太好，我有一套方法，能让你一次多摘两倍的果子，如果你多搞了十个果子，分两个给我行吗？"果然，有的猴子学习了以后，真的多摘了果子，当猪拿到分的两个果子时，不禁泪流满面。

在这个故事里，猪从与猴子的竞争关系转变成了合作关系，从而实现了自己的价值。所以，共享理念是，从竞争走向分工合作。一根筷子断得快，两根筷子好夹菜。

对内而言，要将企业内的各个职能部分，按业务类型、盈利单元做拆分，使企业内的流程和核算变成互相分工合作的关系，类似现在较为流行的阿米巴经营模式。阿米巴经营模式有许多地方不合适中国的国情，但是我们可以学习它背后的思维。"设计 +"就是将企业设计成平台，将各个职能部门变成平台的合作伙伴，同时让这套模式赋能产业链、赋能竞争对手，将同行从竞争对手变成合作伙伴。这就是共享。商场与战场，重要的原则就是要将竞争对手变得更少，将合作伙伴变得更多。从这个意义上来说，共享理念也是平台思维。

作为内部共享设计有影响力的是前面提到的阿米巴经营模式，下面简单介绍一下这种模式。阿米巴经营模式是指将组织分成小的集团，通过与市场直接联系的独立核算制进行运营，培养具有管理意识的领导，让全体员工参与经营管理，从而实现"全员参与"的经营方式。这种独特的经营管理模式是由日本的京瓷集团自主创造的。

　　"阿米巴"在拉丁语中是单个原生体的意思，属原生动物变形虫科，虫体赤裸而柔软，其身体可以向各个方向伸出伪足，使形体变化不定，故而得名"变形虫"。变形虫最大的特性是能够随外界环境的变化而变化，不断地进行自我调整来适应面临的生存环境。阿米巴经营模式被誉为京瓷经营成功的两大支柱之一，京瓷集团就是由一个个被称为"阿米巴小组"的单位构成的。与一般的日本公司一样，京瓷集团也有事业本部、事业部等部、课、系、班的阶层制，但与其他公司不同的是，京瓷集团还组织了一套以"阿米巴小组"为单位的独立核算体制。1963 年，稻盛和夫和青山正道联合推出了"单位时间核算制度"方案。1965 年，京瓷公司在正式导入"阿米巴经营"时，将"单位时间核算制度"作为衡量经营状况的重要指标纳入了阿米巴经营体系。通过单位时间核算制度公式，各个部门、小组，甚至某个人的经营业绩变得清晰透明。一般来说，大公司的员工常常只是公司庞大系统中的一个小小的齿轮，很难感知到自己对公司到底有何贡献。从这点上看，单位时间的附加价值可以增加员工的动力。

　　阿米巴的模型很好，但在中国推行的效果没有想象中的好。这是因为，阿米巴经营模式解决的问题是激励员工动力的问题，是组织内部形成合作分工的形势。这目前还不是中国企业的主要矛盾。

　　中国企业现在的主要矛盾是竞争越来越激烈，扩大业务的问题更为迫切，盈利更为迫切。还有一个重要的原因是，现在中国需要提高人民的工资收入，这使得企业中来自员工的风险与成本大大增加，所以在做企业内部拆分的时候，要按业务模式、盈利单元进行分拆，然后各个单元分工合作。这是"设计+"的内部共享理念。

企业不仅在内部要有共享的理念，外部共享更重要。大市场就像大海，无风三尺浪，一条小船很容易就被风浪打翻，所以要集合外部团队的力量，将小船连成巨型航空母舰。

4. 创新

创新作为企业"设计+"的重要理念，无论是内涵还是外延，都不同于一般意义上的科技创新，而是涵盖理论创新、制度创新、科技创新、文化创新等各个方面的整体创新。对创新理念的理解，既不能停留在科技创新层面，也不能局限在商业模式领域，而应从产业链、人们的需求、生活方式等多层面、多领域去把握。

确立创新理念，实质是解决企业发展动力问题。要以创新培育新动力、转换老动力，让新动力层出不穷，使老动力焕发新活力。只有紧紧抓住创新这个发展第一动力，才能化解风险、破解产能过剩难题，实现企业转型升级，跟上世界"设计+"的步伐，为企业可持续发展注入强大动力。

从内涵看，创新理念包括多个层面：以技术创新为先导的科技创新；以体制机制创新为载体的制度创新；以思维方式、观念理念创新为主要内容的思想创新。从外延看，创新理念包括多个领域：既包括生产力、生产关系创新，也涵盖思想、文化的创新；既包括生产方式、消费方式、分配方式创新，也涵盖思维创新。

科技创新是推动企业整体创新的基础。科技是第一生产力，整体创新要以科技创新为基础。制度的创新是推动企业整体创新的保障，企业整体创新，首先要破除妨碍创新的体制机制障碍。思维方式、观念理念创新是推动企业创新的先导，解放思想是推动企业整体创新的前提，只有解放思想，人们才可能敢想、敢干、敢闯、敢试，求新创新。在思想禁锢、思想僵化、思想保守的社会环境下，很难产生新观念、新理念、新思维、新思想。我们在媒体上经常看到两句话："抓住了创新，就抓住了牵动经济社会发展全局的'牛鼻子'。""抓创新就是抓发展，谋创新就是谋未来。"对企业来说也是一样。

创新有几个要点。

◎ **创新要以客户的需求为中心**

以客户为中心实际上体现的是价值创造的目的。事实上，任何一个企业的价值创造都是面向市场、面向客户的，客户是企业财富扩张和发展的源泉。因此，反过来说，企业的任何活动都应该以客户需求为最终目的。任何先进的技术、产品和解决方案，只有转化为客户的商业成功才能产生价值。"设计 +"就是通过技术进步来创造和引领客户长远、隐形的需求，为客户持续创造价值。

◎ **防止盲目创新，不在非战略机会上消耗战略竞争力量**

在多数情况下，企业在扩张和发展过程中容易发生异化，容易出现目标的移动和力量的分散化，比如，很多企业会选择转型，或者走多元化的道路。但创新是有边界的，盲目创新会分散公司的投资与力量。创新一定要围绕商业需要，不是为了创新而创新，是为客户价值而创新。很多公司并不是由于技术不先进而死掉，而是技术先进到别人还没有完全认识与认可它，以至于没有人来买。产品卖不出去，却消耗了大量的人力、物力、财力，丧失了竞争力。在产品技术创新上，要保持技术领先，但只能是领先竞争对手半步，领先三步就会成为"先烈"。

◎ **外部创新胜过内部提升**

创新往往需要借助别人的肩膀，在继承的基础上不断优化。人类文明都是在继承的基础上发展的，"设计+"不提倡什么都自主创新，一是一个企业不一定有那么多资源和能力；二是过分狭隘的自主创新，会减缓企业的领先速度。所以，要开发合作，联合创新，像海绵吸水一样不断吸取别人的先进经验。

从事新产品开发不一定是创新，在老产品上不断改进不一定不是创新，这是一个辩证的认识关系。一切以有利于公司的目标实现成本为依据。

四、一把手领导原则

把方向、抓大事、谋全局是"一把手"的根本职责，于企业也是一样的。"火车跑得快，全靠车头带""工作好不好，关键在领导"都在强调单位"一把手"的重要性。可以说"一把手"身份特殊，掌握着各项大权，"设计+"作为企业的全局工程，是企业"一把手"的根本职责。坚持一把手领导"设计+"对于提高企业家责任心，巩固企业家地位，保证一把手的个人意志方面有重要的作用，也有利于企业家提高个人能力。企业家运用"设计+"，要善于从全局的高度研究和处理工作中遇到的各种问题。

五、生产生活方式原则

本质上，"设计+"就是生产生活方式设计。满足用户的需求才是企业存在的目的。大多数企业家痛苦的是：手里有产品，卖不出去。这个产品是不是客户最需要的，是不是烂大街了，我们却思考得极少。而"设计+"是先圈住我们要服务的客户群，然后找到这群客户的隐性需求，再寻找产品、设计产品。由于社会、经济的急剧变化，生活方式也随之发生潜在的变化,生活方式的改变需要借助"设计"。目前，产品的人性化、互动参与性越来越重要，这是人类本性的回归。设计正是从基本功能开始，走向对人们生活的体验与过程的关注，以提高人类的生活方式质量并满足其精神层次上的追求。设计可以说是一种"应答"的创造，必须应答人自身的需求和人类社会的需求。尤其是物的设计创造，始终与对人类需求的研究有关。因此，设计的风格和观念也迅速发生变化，娱乐性、游戏化、环保性、人性化的设计风格正日益影响着设计，生活方式的多元化现象将得到充分的展现。

"设计+"就是对生活方式的设计。

第五节 "设计 +"的三大系统

三大系统

　　企业是钱、人、事的错综复杂的组合关系，所以"设计 +"要架构钱的系统、人的系统、事的系统。

一、钱的系统

　　钱的问题，表面上是收入与成本，是融资与投资，是利润与现金流，是企业在这个产业链的分工中的盈利问题，但归根到底，是企业顶层设计、商业模式的问题。钱的系统，也可以说就是企业的信用系统，让团队信任你，让资源方信任你，让投资人信任你，让顾客信任你。为什么顾客买你的东西，为什么银行会贷款给你，为什么别人会加盟你？是因为你有信用。其实这就是企业的模式在起作用，通过适当设计企业的资本模式、商业模式、运营模式，可以让消费者、加盟商、银行信任你，从而付费给你。企业的创新模式就是

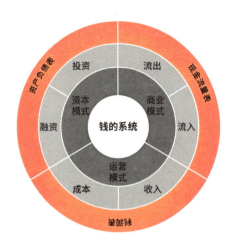

企业的信用建设，就是在搭建企业钱的系统。

人无信不立，业无信不兴。企业的信用体系是供需有效衔接的重要保障，是资源优化配置的坚实基础，是良好营商环境的重要组成部分，对促进社会经济循环高效畅通、构建新发展格局具有重要意义。

在我国市场经济发展初期曾存在一些信用缺失的问题，损害了市场经济的信誉。这种信用缺失容易导致经济活动处于一种不安全感之中，企业担心受骗，消费者害怕买到假货，交易关系中互存戒心，会影响市场效率与发展质量。中国实现高质量发展的目标必须建立在拥有强大的社会信用环境基础之上，这是我们亟须修补的短板。过去，不少企业对质量和品牌信用建设不够重视，这阻碍了中国一些公司走向国际。

现在，中国正在建立全国统一大市场，推进法治建设，实行负面清单制度，强化公平竞争，打造市场化、法治化与国际化的营商环境，提高信用监管和信用服务水平，这有利于实现更公平的、更有效率的竞争。

与此同时，进入数字时代后，企业可以借助互联网、大数据和人工智能等手段，在相关数据基础上更好地进行信用建设。

中国已经从追求发展规模与速度转向追求发展质量和效益的阶段，需要通过设计引领企业发展，用科技创新提高生产效率，提升全球竞争力。

二、人的系统

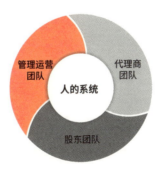

人的系统，是解决团队、员工、干部愿不愿意干的问题，表现的是权、责、利的问题，是薪酬、股权的体系问题。本质上人的系统是设计人的时间杠杆。

人的系统主要是团队。前面提到，团队主要有三个，股东团队、代理商团队、管理运营团队。人的系统是杠杆系统，在这里是指"杠杆"人的时间，也就是分配薪酬体系的建设。管理运营团队的薪酬，企业都很熟悉。这里侧重讲股东团队的架构，这是当下企业家要学习的重要知识。

企业家做设计，要设计时间杠杆。时间杠杆的意思就是用别人的时间来获取收益。罗振宇从知识服务商"罗辑思维"转型到"得到"App 就是运用时间杠杆的一次转型，是罗振宇购买他人时间再出售的转型。比如，罗振宇购买了李笑来的时间，做了"通往财富自由之路"这个专栏，再卖给消费者。企业老板买了员工的时间，再将产品卖给客户，投资者也是如此。

那杠杆系统如何设计呢？要朝着刚需设计。刚需有什么作用？让人更强大，让人更方便，让人更赚钱。

企业要有意识地通过"设计 +"来构建杠杆系统，借力杠杆，获得企业的成功。

三、事的系统

事的系统是解决怎么干的问题，表面上是本、量、利的问题，本质上是资源流动的问题。产品从设计到生产，从流通到使用，最后到回收，以及其相关的资源的流动协作过程，关系的都是资金、资源、人力搭配的问题，也就是企业资源如何流动的问题。

资源的流动归根到底要受人的情绪的影响。人的七情六欲，是影响企业资源流动的重要因素。

围绕在企业身边的，有外部人员、内部人员，有投资者、政府人员、员工、上游厂家、下游代理商、高管团队……如何让大家心往一处想，劲儿往一处使，让每个人都成为企业发展的正能量？首先，要利用人的感情，作为企业的领导者，要善于将人心汇聚，实现上下同心、内外同心。大家的同心协力并不会自动发生，需要领导者的领导力，让大家感受到企业的事业是未来的趋势，是必然的发展，从而激发他们一起来参与。其次，是让大家有利益可图，并且利益分配合理。曹操说："军无财，士不来，军无赏，士不往。"古今中外大企业家，都有一个共同点，就是舍得给大家分钱。钱分给了大家，但是打下的天下是企业的。不仅是嘴上说分钱，而且要靠股权架构、流程执行，靠制度和口碑，让大家相信会这样分钱。

所以，事的系统，就是企业资源流动的设计。

管理也好，营销也好，都是企业事的系统的搭建，是对企业资源的合理配置和灵活应用的具体过程。事的系统对于提高企业的经营效率，改善经营质量，具有十分重要的市场意义。

总体来说，经营企业就是经营企业的钱、人、事。"设计 +"的三个重要的系统就是关于钱的信用系统、关于人的杠杆系统、关于事的资源流动系统。

第六节 "设计 +"的两大目标

一、可持续的目标

可持续代表风险可控，对企业家个人来讲，是能保护公司和个人的财富，管控有力，实现离场管理、财权保留。对于企业来讲，对可持续发展，有不同的理解：一种理解是指企业的永续经营和持续发展；另一种是与整个社会可持续发展相关的发展，即企业在生产运营过程中考虑对经济、社会和环境的影响，最终实现企业自身的发展和社会整体的发展的有机结合。现在，国际社会上讲可持续发展大多数都是讲后一种，而"设计 +"是两者都要讨论。

企业作为一个大环境下的个体，有设立的目的，完成了使命，就应当关停并转，这是正常的循环。如果外部环境已经改变，还要强求生存，不过就是苟延残喘。那如何才能可持续呢？这就要设计企业集团，设计母公司、子公司。母公司的任务就是生殖子公司，子公司顺应政策而生，完成使命而死。用子公司的阶段性生灭，换来母体集团公司的"永生"。集团公司之上，我们还可以设计家族控股公司，可以实现家族财富的可持续积累和发展。

二、盈利的目标

利用"设计 +"实现盈利的目标就是要改变企业原有的

单一盈利结构，转向多元的、立体的、组合的盈利方式，改变原有的交易结构——在暴利期赚产品的利润，在微利期赚结构优化的收益，在无利期赚资本市场的钱。

盈利有目标代表利润可期，是企业的价值最大化。企业设立的主要目标就是盈利，这点是不容置疑的。企业家首先应该考虑的也是投入多少，能赚多少，回报率好不好。有些生意赚钱多，有些生意赚钱少，有些生意赚钱容易，有些生意赚钱难。公司也是一门生意，既然要投资一个公司，就不得不去研究这个生意的盈利能力。

一个公司的整体盈利能力在财务报表上体现得最直接的指标就是净资产收益率，但是看一个公司的盈利能力也不仅是看净资产收益率这么简单，还是要回归到生意的本身。

从生意的角度来看，公司整体的盈利能力是由以下几个方面决定的。

第一是产品本身的毛利率。有些产品利润高，比如白酒，而有些产品利润本来就很低，比如零售业。一种产品毛利率高，肯定有其独特的原因，因为资本是无孔不入的，产品没有优势还能长期保持高利润是不可能的。当你发现一个公司的产品很普遍，没有什么竞争优势，但是还是常年维持高利润率，那就要思考背后的原因，这往往就是商业的本质所在。想想那些生活中常见的高端品牌，比如公牛插座、老板油烟机、蓝月亮洗衣液、红牛，等等，为什么比同类产品价格高，又有很高的盈利能力？看起来很容易模仿的东西但是没有被模仿出来。理解了这些，就是对品牌有了足够的认知。

　　第二是公司业务的周转率。产品利润高固然好，但这种公司极少。产品利润一般的公司也不是不优秀，而是各有各的生存法则，有些行业注定不可能有很高的利润率，比如零售业，这是由行业属性决定的，因为这种行业的产品没有太大的差异化，只能薄利多销，提高周转率。比如，卖一种100 元的产品，利润是 3 元，卖完马上进货接着卖，又赚 3 元，一年周转 10 次，那么总体收益率也很高。一瓶茅台酒从生产到销售大约需要 5 年，一套房子从卖出到交房需要 2～3 年，而超市里一个产品从进货到卖出可能只需要 1 个月。

　　巴菲特有一个经典的投资案例——收购内布拉斯加家具店。这个家具店对客户来说最大的吸引力就是同样的家具比其他地方更便宜，这是它最大的竞争力，也是公司的"护城河"。这个护城河看起来很简单，同行也降价不就把这个护城河打破了？但实际上并不简单。从内布拉斯加家具店建立开始，价格优惠就是它的商业信条。宁愿少赚钱也要给客户提供最优惠的价格，这样就吸引了越来越多的客户。客户越多，卖东西越快，周转率越高，赚钱越多，这样可以继续降价，给客户更实惠的价格，竞争力就更强。在内布拉斯加家具店成为美国家具店单店销售额最大的店后，就可以大规模采购，继续压低成本。加上公司极佳的管理，让经营成本也能压缩到最低。实际上，经营成本压缩到最低不仅是节约管理层成本这么简单。生意越好，大规模进货成本就会越低，经营成本占比就越小，周转就会越快，这样可以给客户更优惠的价格，生意就会更好，形成良性循环，而这一循环是长时间积累出来的，不是简单降价就能模仿的。

第三是企业的负债率。赚同样多的钱，如果负债率高，那么净资产收益率就肯定高。比如，房地产行业，毛利润率并不算高，周转率也很慢，所以要靠高负债来经营。但是房地产的负债和实际意义的负债不一样，是通过先卖房，把客户的钱拿到手，然后去建房子。客户的钱名义上是负债，其实是收入，只是这个收入要交房的时候才确认。这成为房地产行业的通用标准。

利润率、周转率、负债率，这三个因素决定了公司在业务方面的最终回报率。这些因素在很大程度上是由行业属性决定的，比如，一般的白酒公司利润率再低也比极其优秀的制造公司要高。所以，我们可以和同行比较，同样的行业，为什么有的公司毛利润率高，或者周转率更快？肯定有核心竞争力在里面。至于负债率，是一把双刃剑，虽然能提高收益率，但是危险性也随之增加。如果一家公司用较低的负债率，也能取得比同行更好的整体收益率，那一定是一家优秀的公司。

不同的产品、不同的行业，利润率、周转率、负债率这三个指标组合是完全不一样的，没有绝对的标准。一个好的企业，会在行业的限制下，通过自身的经营，让这三个指标达到一个最好的平衡，在最安全的前提下，获取最高的收益率。这是企业的目标，也是"设计 +"的目标，要提前将盈利设计出来，将盈利战略设计出来：什么时候靠利润，什么时候靠周转，什么时候用杠杆赚钱，以及三者如何组合。

第三章

"设计 +" 引领企业发展

第一节 "设计 +"的准备

一、思想上的准备

对于外部环境的评估和伴随而来的我们的行动问题，有的中小企业家还缺少正确的认识：他们虽然相信"设计 +"会像"互联网 +"一样不可避免地到来，却不相信有迅速到来的可能，因此采取观望的态度，对别人的探索也持怀疑态度，或者干脆等待抄袭别人。这是对"设计 +"理论的不了解，没有把"设计 +"是站在未来看现在，是未来变现的思维这件事认识清楚。

如果认清"设计 +"是一个未来变现的可持续盈利解决方案，就会明白为什么转型升级不是从制造业转到餐饮业再转到培训业，日复一日，不得其法；为什么越大越强，反而生意越难，因为做大的是资产，做强的是运营，而"设计 +"做大的是盈利空间，做强的是盈利能力。

这样的认识，不但能树立消费者对企业、对产品的信任，还能抓住消费者的隐性需求，给大家带来生活方式的变革，最终让企业跳出竞争的泥潭。同时，也必须有这样的认识，中国的企业才能真正地从中国走向世界，为民族复兴做出自己的贡献。

对企业来说，认清了"设计 +"的巨大潜力后，要防范急功近利，但也不能被一些企业家的消极等待态度影响。消极等待多半是因为以前吃过亏，或者是企业规模小，没有相关的人才。在判断外部形势的时候，需要认识到以下这些要点。

第一，立足于中国当下这个竞争激烈的环境中，中小企业极度需要盈利解决方案。现在西欧各国的设计转型升级虽然比中国的阶段更高一些，但因为它们的工业化程度更高，所以用设计引领企业发展的难度更大。现在，中国"设计 +"力量虽然弱，但是因为中小企业的迫切需要，所以中国的设计之都建设一定比西方更快。

第二，之前的设计教育大多数是关于产品、包装、时尚的，但是也有一些智者，早早发现了设计的问题，比如，中国第一个工业设计系的创始人、清华大学资深教授柳冠中老师，极力地推广他的事理学理论：要先理事，再造物。虽然有这样认识的专家还不多，但该理论已经具备了发展的可能性，这在中国多次商业风口机遇中已经得到了充分的证明。

第三，很多企业已经到了不得不转型、不得不升级的关口，但是因为"设计 +"的设计咨询师还没有成熟起来，设计企业也不免被表面上的情况所迷惑，甚至有悲观的论调。

第四，要知道中国"设计 +"的风口是否快要到来，只有详细地去观察引起风口的各种矛盾是否真正向前发展了，才能做出判断。世界各国都在抢占设计高地，企业只有走向"设计 +"才有未来。中国的企业，不仅要在国内竞争，而且要走出中国，去国际上竞争，这是伴随着中华民族工业的强大而来的。民族工业的强大，免不了要从高增长向高质量转型升级，而这种高质量的转型，将会使中小企业的竞争更加白热化。

所谓"设计 +"的风口快要到来的"快要"二字做何解释，这是许多企业家共同的问题。它是站在海岸遥望海中已经看得见桅杆尖头的一只航船，是立于高山之巅远看东方已见光芒四射、喷薄欲出的一轮朝日。任何创新都是在资源不匹配的情况下发生的，所以，最好的准备就是在思想上下定决心。

二、组织团队上的准备

站在"设计 +"的风口上，企业家面对市场、产业链、分工，要先将团队组织起来。

首先，把顾客与非顾客组织起来。客户的资源是无限的，只要是可能的，就要毫无例外地动员起来、组织起来，让客户成为一支推广分享大军。最好的设计师不是技术部门的工程师，而是顾客，是他们的显性需求和隐性需求。顾客有伟大的创造力，是企业宝贵的财富，企业家应该走到顾客中间去，向顾客学习，把他们的需求综合起来，作为设计的指导纲领。然后再告诉顾客，并号召顾客行动起来，解决顾客的问题，使得他们幸福感提升。企业家从前只研究收入、成本、利润，现在他们也要是设计师、教育家，可以利用直播、短视频、公众号等各种手段来传播自己的企业文化、产品特性、生活方式，用自己的方法顺应时代的变化，实现企业营销的转型。

对设计企业来说，要将设计师组织起来，帮助他们从设计师转型为销售员、转型为企业家，让他们介绍好产品，而且分享就能有收益。设计师天然与客户有紧密的关系，天然是销售员，他们只是缺少一个系统。如果设计师有了回报，服务质量也会提高，客户的满意度也会提高，企业就能够做到可持续盈利。

其次，把股东团队组织好，他们有的人有资源、有渠道、有产品、有资金，有的人有影响力。这些人跟企业家的关系最紧密，也可以更好地组织起来。

在与企业相关的人中，消费者、粉丝、会员、代理商、股东、高管、员工，如果都能组织起来，可以说组织工作就做好了。

把企业内外部的力量组织起来，这是一种方针。具体的表现就是公司要集团化运作，集团就是集合团队的力量。目前，集团组织运营最主要的形式就是 O2O 系统。这是一种数字化系统的应用，避免了手工记账、分配不均、暗箱操作，打破了过去冗长的管理流程，从而使沟通更透明、便捷。

现在，很多企业家可能还做不到在短时间内或一次性就把所有的人员都组织起来，但是这是我们的任务，要不断地接近这个目标。每一个企业家，必须学会组织团队，发挥客户的创造力和积极性，再结合企业的各项资源，建立拓展市场的渠道代理团队和服务团队，在线上做分享、裂变，在线下做圈子、服务。有了这些，再做内容、品牌、宣传，我们就可以克服困难，战胜竞争对手。

三、资源、工具的准备

资源、工具的准备包括以下几方面内容。

a. 整理资源，列出资源清单。

b. 找专业的设计咨询师来陪跑企业的"设计 +"过程。

c. 找到销售渠道、资金渠道，并与之发生关系。

d. 找到一个或几个宣传平台，随时推广分享。

e. 找到"设计 +"的同类圈子，与标杆企业家一起持续成长。

f. 架构自己线上线下的工具软件平台。

g. 设计引流的产品。

h. 组建团队，特别是资源团队和智囊团队。

四、企业利润的设计

企业的利润是设计出来的。设计利润的过程有三个阶段：一是事前目标，二是事中管控，三是事后评价考核。利润设

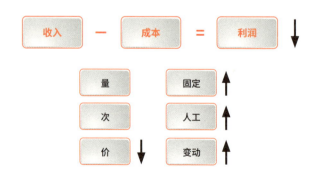

计的基础包括历史的经营情况、公司对未来的预测、董事会的合理预期，以及公司资源。设计方式有正推法和反推法两种。正推法是计划经济时代常用的，现在应用比较少。反推法是在买方经济下，先设定目标，再匹配资源，预算不需要做准，主要是要有这个工作习惯。预算主要有三个阶段：财务预算、全面预算、超越预算。

在设计过程中首先要设计收入，也就是先要设计利润表，再设计资产负债。这里主要要回答几个问题：什么时候卖？卖什么？谁来卖？卖给谁？怎么卖？

另外，还要有成本设计。成本设计比较复杂，重要的是一级一级分解、落实到位。成本可分为策略成本和作业成本。成本是利润的减项，同时控制成本也是利润的来源。要善于使用公司的策略成本，确定成本的责任人，谁花钱谁决定成本，必须要管到花钱人的行为。

决定产品成本的第一影响因素是设计，而企业设计要懂得税的原理。税是不能被筹划的，税是交易过程中产生的，所谓的税务筹划，是对交易方式进行筹划。比如，自提和送货上门是不一样的税收；买空调包安装，跟买空调 + 安装是不一样的税收。税本质上是企业与国家的分红，将投资放到国家指引的方向上，才可以节税，比如数字化、"设计 +"、软件、材料、生物科技、航空航天等。

可以说，"设计 +"是对企业的全业务进行设计。"设计 +"完整的方案 = 原理 + 制度 + 流程 + 工具。

第二节 "设计 +"需要三大能力

"设计 +"是企业新的生存方式,是企业理想的生存方式,但是打破舒适区就有不适应,先行者需要具备一定能力。"设计 +"需要企业家具备三个能力:一是判断力,二是领悟力,三是执行力。

一、判断力

拥有判断力,是一个企业家最了不起的才华!

有这样一个引人深思的故事。从前有一个农夫,牵了一头驴去镇上赶集。途中,他突然想要方便一下,就把驴随意拴在一棵树上,自己去了边上的林子里。等他回来的时候,放在驴子背上的货不见了。就在他沮丧无措时,有个人走了过来,对他说偷东西的人向东边去了,还说可以帮他看着驴子,让他快去追。农夫想也没想,撒腿就往东边跑。不一会,农夫两手空空地回来了,他不仅没有追到小偷,还发现拴在树边的驴子也不见了。这下他急坏了,不知道回家后该怎么向妻子交代,就坐在地上号啕大哭。这时,又有一个人走过来对他说,旁边池塘的底部,有很多金子,只要捞上来,就可以买新的货和驴子。他听完,想都没想,毫不犹豫地脱光衣服,一头扎进水里。可任凭他怎么找,也没找到金子。在他略显疲惫,全身湿透地游上岸时,却发现连衣服也不见了。一时间的盲目无神,加上轻信他人,把本来打算置换钱财的货物弄丢，还搭上了驴子和身上穿的衣物，既狼狈又让人发笑。这位农夫像极了一些听风就是雨，没有自己判断力的人。

企业家最不可或缺的能力，便是判断力，有了它，企业才不会误入歧途。电影《教父》里有句话说："在一秒钟内看到本质的人，和半辈子也看不清一件事本质的人，注定是不一样的命运。"真正成熟的企业家，在遇到事情时，能主动分析事态，找到解决方案，从容面对难题。企业家拥有了判断力，才能在多变的外部环境中明辨状况，做出最适合自己的选择。

企业家做出判断的标尺要以客户的需求为重、以可持续盈利为本。判断意味着选择，选择意味着价值上的对与错、先与后，实践中的轻重缓急。

判断力的构成有三个要点。第一个要点是把握形势变化，洞察大势、大局的能力。企业家要胸怀两个大局——中华民族伟大复兴战略全局和世界百年未有之大变局，这是我们国家谋划工作的基本出发点，也是企业的工作要遵循的原则。认清世界形势、国家形势，以及地方发展形势，在形势变化中判断方向、谋划战略。第二个要点是拥有精准识别并有效区分现象和本质的能力，要能透过纷繁复杂的现象把握本质，通过诸多细节把握全局，从偶然问题中揭示事物必然性。不畏浮云遮望眼，善于拨云见日，透过现象看本质，在诸多矛盾关系中把握主要矛盾以及矛盾的主要方面。第三个要点是拥有有效抵御风险挑战的能力，能够预判风险、把握风险走向、规避风险。统筹发展和安全，培养见叶知秋的敏锐感，研判并应对好各种风险挑战，筑牢企业安全屏障。

"设计 +"对判断力的基本要求，一是善于思考根本性、全局性、长远性问题，并进行战略性、系统性、前瞻性研究谋划，做到在重大问题和关键环节上头脑特别清醒、眼睛特别明亮，做到"千磨万击还坚劲，任尔东西南北风"。二是善于从一般事务中发现问题。要超越事务主义思维，不能就事论事观察问题。三是善于从倾向性、苗头性问题中发现端倪。风起于青萍之末，浪成于微澜之间。必须有预见，没有预见就没有一切。

如果缺乏判断力，就会嗅不出敌情、分不清是非、辨不明方向。提高判断力，首先应做到眼睛亮、见事早、行动快，要有草摇叶响知鹿过、松风一起知虎来、一叶易色而知天下秋的见微知著的能力；其次，要对当前国内外形势进行观察、判断、鉴别，从现象看本质、从苗头倾向看发展走向，特别是及早识别、防范、化解"蝴蝶效应"、"黑天鹅"事件、"灰犀牛"事件的冲击，避免让企业产生风险，要做敢于斗争、善于斗争的战士。面对"设计 +"的风口，决不能无动于衷、患得患失、举棋不定，真正在大风大浪中提高斗争本领，才能积累判断力的经验。

有判断力，才能做好"设计 +"。

二、领悟力

领悟力就是对人、对事的感知能力。领悟能力强的人总是能够对某个人、某件事物，很快地做出思考和理解。有些人领悟力高，善于从不同层面、不同角度观察和解读事物，一下子就能抓住其核心和本质。有些人领悟力低，经常处于困惑迷惘之中，找不到问题的原因和本质。人与人之间的差别往往与领悟力有很大关系，提升领悟能力就要学会把事情弄懂、把人心悟透、把道理搞清，善于总结、分析、思辨。

国家在大力推动设计引领企业发展，我们能不能领悟，决定了企业未来的高度。不但要悟，还要悟透。提高领悟力必须对"设计 +"深入学习、融会贯通，努力做到知其言更知其义，知其然更知其所以然，在深层次上领悟思想精髓，防止片面化、简单化。此外，领悟不是生搬硬套，而是灵活把握。不谋全局者，不足谋一域。

对企业家来说，领悟力就是要时刻关注消费者在关心什么、强调什么，深刻领会什么是客户的显性需求与隐性需求；同时要有大格局、大担当、大作为，明确自己在产业链中的定位，从大局上想问题、做决策、办事情。当今世界正处于大发展、大变革、大调整时期，要把握时代潮流，站在历史正确的一边。

领悟力既决定看问题、察形势、想事情的高度、深度和广度，又影响思想境界、视野胸襟和前途命运。提高领悟力，最好的办法是学习，找到一群志同道合的人，在一起分享、学习、互相提高。在这个方面，设计类专业知识学习平台"设计得到"、材料美学馆，以及智客集团创始人周雷忠，这些"设计 +"的先行者都做得不错，企业家在这里能找到老师与同学，共同提高。

三、执行力

定了目标，制订了方案，就要靠执行力了。执行力就是要主动担当作为，练就硬脊梁、铁肩膀、真本事。

执行力不是一个口号、一个动作，而是要充分发挥主观能动性与责任心，尽一切努力、想一切办法把工作做好，为自己的所作所为承担责任。那些成就大业的人和凡事得过且过的人之间最根本的区别在于，成功者懂得为自己的行为负责。

提高"设计 +"的执行力，我们要从三个方面下手。

1. 着眼于"严"，积极进取，增强责任意识

如果一个人没有责任感，那么他做事就不会积极主动，更不会尽心尽力使自己做得更好。在工作中要养成严谨的工作态度和敢于负责的精神。责任心和进取心是做好一切工作的首要条件。责任心强弱，决定执行力度的大小；进取心强弱，决定执行效果的好坏。因此，要提高执行力，就必须具备强烈的责任意识和进取精神，坚决克服不思进取、得过且过的心态。把工作标准调整到最高，精神状态调整到最佳，自我要求调整到最严，认认真真、尽心尽力、不折不扣地履行自己的职责。养成认真负责、追求卓越的良好习惯。

2. 着眼于"实"，脚踏实地，树立实干作风

踏实勤奋是成功的必要条件，要提高执行力，就必须发

扬严谨务实、勤勉刻苦的精神，坚决克服夸夸其谈、纸上谈兵的毛病。真正静下心来，从小事做起，从点滴做起。一件一件抓落实，一项一项抓成效，干一件成一件，积小胜为大胜，养成脚踏实地、埋头苦干的良好习惯。

3. 着眼于"快"，只争朝夕，提高办事效率

要提高执行力，就必须强化时间观念和效率意识，弘扬"立即行动、马上就办"的工作理念。无论做什么事，不要经常"等一会""以后再说吧"，坚决克服工作懒散、办事拖拉的恶习。每项工作都立足一个"早"字，落实一个"快"字，抓紧时机、加快节奏、提高效率。做任何事都要有效地进行时间管理，时刻把握工作进度，做到争分夺秒，赶前不赶后，养成雷厉风行、干净利落的良好习惯。

总之，提升"设计+"的执行力虽不是一朝一夕之功，但只要按"严、实、快，"三字要求去做，就一定会成功。

第三节 "设计 +"的企业实施策略

目前，企业的生存形势已经发生了很大的变化。国家已经据此制定了多个五年规划。目前，设计产业的基本特点是还处于初级阶段。

改革开放以来，中国的设计行业是从外观设计、产品设计、品牌设计、营销设计等开始起步的。由于我们主要是向欧美等发达国家学习，很多产业还处于产业链的低端，设计产业也还停留在初级阶段，而在发达国家，设计产业已经发展到了新的阶段：通过设计来完成企业的可持续、系统的发展。

在中国，深圳、上海、北京、武汉、广州等城市都将设计之都的建设作为政府工作的重点，并发布了细则。在这样的形势下，企业将何去何从呢？是继续做大做强，还是关停并转，或是转型升级？从什么时候开始下手做呢？

"设计 +"在引进企业的时候，需要从企业家先开始，由下而上，由高层来推动。

一、由外而内，用新项目带动

为什么不由内及外，彻底变革呢？

第一，这是由企业的使命决定的，老企业有老企业的使命，新项目有新项目的使命。

第二，这是由盈利方式决定的，不同的盈利方式、不同的团队，要用不同的公司来承载，也便于财务测算。

第三，这是由风险决定的，新项目不一定会成功，有一定的风险，所以要单独在体外设计。万一有风险，不会影响原来的基础，便于及时止损。

第四，这是由发展观决定的，没有永远的企业，只有永远的人的需求。

第五，从外向内，阻力最小，便于实施。

二、由上而下，由高层推动

为什么是由上而下，不是由下而上？

第一，"设计 +"是全局性、系统性的，这决定了由上而下推动比由下而上更具有优势。第二，这是由内部分工决定的，企业的高层领导在企业中的分工是研究未来、制定战略，是引领企业发展的，所以"设计 +"是其本职工作。

第三，"设计 +"是从设计到制造、流通、使用、回收全过程的设计，包括产品设计、商业设计、可持续设计等，需要协调公司的各方面的资源，这种能力是普通员工不具备的。

第四，这是由"设计 +"的最后负责人决定的。谁是企业最后的负责人？谁受益谁决策，便于集中"爆破"，快速推动。

第五，国家的产业政策也是由上而下传导的，到了企业，必然是由上而下。

三、由简入繁，风险可控

《六韬》中说："心以启智，智以启财，财以启众，众以启贤，贤之有启，以王天下。"这很好地说明了一个企业导入"设计 +"的次序。心就是企业家的发心，即他们想干的事业。智就是方案，对企业来说，就是"设计 +"策划方案。方案的重点是找到盈利点、暴利点，去创造长期可持续盈利的机会。

当有盈利的时候，就会有人来追随。越赚钱，来的人就越多，其中有有才能的人，有人品好的人，这就是贤人。"设计 +"的设计是一步到位，但实施不是一步到位的。公司的资源、资金、人员组织是逐步到位的。一步到位的成本太高，而且外部环境也不断在变化。"设计 +"策略的实施要随着环境的变化而调整，是一个发展的战略，要强调迭代。所以，要结合企业资源的实际情况，从最容易的地方着手，尽早出成果。

第四节 "设计+"在企业中的实施步骤

一、学到

1.学什么

第一，学政策，站在国家和产业的高度来学习国家及地方的政策。

第二，学理论，要清空既有的陈旧观念，站在系统的角度去学。

第三，学方法，学"设计+"的方法。

第四，学案例，跟过来人的人学，跟先行者学。

2.怎么学

财：先解决企业融资问题，否则会不定心。

师：找到能指导企业实行"设计+"的导师，节约大量时间。

侣：与志同道合的人共创"设计+"大生态，互相推动、影响，互相成就。

地：要定期、定点学习，这是企业的系统工程，不是补洞式策划。

二、悟到

1."想"得明白,才能"干"得彻底,"设计 +"就是企业的"想"

"设计 +"不是用奇谋巧计，而是计算；是企业的基本面，不是操作面。所以，本书所说的"设计 +"，相当于我们从企业经营的各个方面进行分析，用本书提供的方法工具去衡量，通过计算，知道我们在竞争格局中占据什么位置，如何主动出击，如何养精蓄锐。

本书所说的"设计 +"，是指设计要周全、周密、算无遗策，有一个地方考虑不到就会崩盘。全面的"设计 +"，对现代的商业体来讲就是趋势、领导、团队、资源、模式、产品的全面设计，把经营的各种情况全都想到，然后有所准备。正如孙子兵法所说：故善战者之胜也，无智名，无勇功。真正能打胜仗，在于谋划。

做企业的领导者，要掌握全局，并且让每个人都知道自己的任务。在设计的阶段就要想清楚不利因素，而且要有处置方案。我们说"想"要想得明白，"干"才能干得彻底。

2. 从企业家到设计师

作为企业家，任务是汇聚各方资源，将其凑到一起，从而发生反应，创造出 1+1 > 10 的社会效益。企业家要紧跟国家战略，紧跟人们的需求，找到细分的赛道，找到企业在产业链中的分工，结合企业自身的资源条件来设计企业的发展。

企业家的主要任务就是准备与等待时机。做准备的过程，就是设计的过程。邓小平是改革开放的总设计师，其实我们的企业家也天然就是设计师。

这个设计师不是我们常规理解的产品设计师、工业设计师、外观设计师，那是传统的设计，概念范畴太窄。这个设计是盈利设计、股权架构设计、分配设计、发展设计、商业战争设计，等等。企业家要根据外部环境设计出企业的发展蓝图，规划企业的未来。好老板，首先就一个是好设计师。

3. 共创"设计 +"大生态

为什么找到"设计 +"社群对一个企业家来说如此重要？"设计 +"生态，指的是通过"设计 +"学习后，有所感悟，愿意成人达己的一群设计师和企业家。他们聚在一起，愿意奉献自己，成就别人。企业家在这里可以自我进化，也可以帮助别人，找到自己的使命，实现人生的意义。

三、做到

1. 除了"想"以外，企业家的主要工作是"说"

过去的企业家主要靠干，现在的企业家主要靠说。过去企业家只要研究收入、成本、利润就够了。现在他们需要利用各种平台传播他们的企业文化、产品特性、生活方式。他们要用自己的方法，顺应时代的变化，实现企业的转型。

企业融合社会资源、招募商业伙伴，要靠说。员工、高管、合伙人、投资机构、资源股东、关键人物、上下游合作商、顾客，都需要靠企业家的语言来沟通。面对政府，想获得优惠政策，也要靠说。

说要讲究方法，讲究时间地点，讲究对什么人讲什么话。具体来看，企业家要清楚地说出自己想要的、企业想要的，需求清楚才能设计。方案完成后，要宣传推广，在不同的平台上向不同的人群宣传。

做到要做的事，想得清楚，又能说得感人，这是企业家的基本功之一。

2. 从自己企业的"设计 +"做起

从自己的企业开始做"设计 +"要先从体外开始，这是前面提到的从外向内的策略。从体外开始创新，再从体内开始优化。企业家的干，主要是体现语言上，具体的事情自己不用做，但是要很清楚。因为所有的创新都关系着利益的调整重构，如果都是自己去做，会发生矛盾。真正的实施最好由外部的专业设计师团队来实施，这样不仅便于推进实施，也可以保护企业家自己。

3. 立德、立功、立言

古人认为立德、立功、立言是人生三项不朽的事业。企业的"设计 +"过程就是企业家立德、立功、立言的事业。立德是做设计师，立功是做企业家，立言是做教育家。立德、立功、立言，就是企业家、设计师、教育家三位一体。

四、得到

1. "设计 +"就是让企业先立于不败之地

《论语》中有一句话是"不成功,便成仁"。针对企业来说,可以理解为将盈利分配先架构好,有人出钱,有人出力,各赚各的钱,均贫富,聚团队。

2. 共享天下

共享,就要在不断做大蛋糕的同时,注重分好"蛋糕"。共享,就要顺应大家的利益。与志同道合的人分渠道,与出力的人分事业,与出心的人分梦想,与出钱的人分未来,与出资源的人分当下,与消费者分科技,与企业家、设计师共享生态。

第五节 "设计 +" 与 "逆向盈利"

一、"逆向盈利" 课程简介

　　周雷忠的"逆向盈利"是国内最有影响力的商业模式培训课程之一。周雷忠是中小民营企业商业模式设计的先行者。对当下的企业来说，商业模式设计是关键。周雷忠说："没有模式，不说产品；没有模式，不开公司。"企业想要盈利，就必须先设计商业模式，将人力、物力、财力、资源、技术信息等，聚焦到模式设计上来。商业模式作为企业经营的指导方针，是企业参与市场竞争的核心。重构商业模式，不仅关系传统企业在新经济形势下的发展，而且还是面临二次创业的企业突围的关键，更是大多数企业生存的重要突破口。

　　周雷忠在课程中，总结了常见的企业六大商业模式和八大盈利模式。

二、六大模式

1. 互联网模式

　　在过去的 20 年里，互联网已经深刻改变了中国经济的格局和产业版图，有的领域甚至在全球做到了领先。在第一个 10 年里，互联网催生了很多新经济，如门户网站、游戏网站等。在第二个 10 年里，互联网逐步开始改变，甚至颠覆了很多传统行业。在互联网圈内有一句话：所有的传统行业都值得用互联网方式重做一遍。比如，传统集市加上互联网成就了淘宝，传统百货卖场加上互联网成就了京东，传统书店加上了互联网成就了当当，传统旅行社加上互联网成就了携程，传统的银行加上了互联网成就了"支付宝"，传统的安保服务加上互联网成就了"360"，传统的红娘加上了互联网成就了"世纪佳缘"，传统的餐厅加上互联网成就了"美团"。为什么在短短10年内诞生了如此多的互联网公司，并取得了高速的发展？这些互联网公司到底做了什么？它们是如何思考，如何盈利的呢？

对传统企业来说，大多数的思考逻辑是，做生意首先要有产品，然后想办法把产品卖掉，接着产生收入，收入减掉成本，得到的是利润。有了利润就会加大投资、扩大规模，如此循环，让企业变大、变强，赚更多利润。在过去产品稀缺的年代，这套方式成就了无数企业，但在今天，产品饱和、竞争激烈的时代已经来到，这种方法在今天已经不适用了。我们来对比一下传统公司与互联网公司的盈利思维。

从上图中可以看出，过去企业的正常思维是通过产品销售把收入做高，但互联网公司认为得入口得天下，产品不是拿来赚钱的，而是用来与客户发生关系的，是用来扩大流量的。

◎ 微信

十几年前，微信诞生时，只不过是一款不起眼的社交软件。如今，微信已发展成为一款国民级 App，占据社交行业龙头位置。在 2021 年 1 月 19 日举办的 2021 年微信公开课上，张小龙透露，每天有 10.9 亿用户打开微信，3.3 亿用户拨通视频通话，7.8 亿用户进入朋友圈，1.2 亿用户发表朋友圈，3.6 亿用户阅读公众号文章，4 亿用户使用小程序。微信俨然不再只是一款社交应用程序，它早已发展成一种生活方式，可以说人们的日常生活与微信息息相关。

微信在上线 433 天的时候，用户数达到 1 亿，上线 2 年，用户数达到 3 亿，这是非常可怕的增长速度，相对于在此之前的所有 PC 互联网产品，这是绝无仅有的。到 2021 年，微信全球用户超过 10 亿，日活 4.5 亿。微信用 10 年时间构建了一种生活方式。

过去企业的正常思维是，通过各种方法把成本降低，可是互联网公司认为成为平台，为别人提供价值，让合作伙伴一起赚钱，成本不须控制就会自动下降。过去企业的正常思维是做大收入，减少成本，从而获得最高利润。可是互联网公司认为只要有了庞大的用户或会员群体，那么盈利就可以是跨行业、跨边界的。

◎　**360 杀毒软件**

360 公司做了一款永久免费的杀毒软件，使金山、卡巴斯基、瑞星、江宁等公司纷纷陷入危机。既然软件不收费了，那企业靠什么盈利？

在使用免费杀毒软件之后，有一天你在使用计算机的时候，突然出现一个弹窗广告，显示着："特步，非一般的感觉。"假设在 1 亿台计算机上有 1000 万人点击了弹窗广告，每一个人点开，360 公司就向特步收取 0.1 元的费用，那么 100 万人就收取 1000 万人 ×0.1 元 / 人 = 100 万元。这是广告收益，互联网模式的第一种盈利方式。

某天，弹窗广告又提示有一款火爆的游戏。假设 1000 万人中有 100 万人点击了弹窗广告，玩游戏的人中，有的人消费 0 元，有的人消费 100 元，假设平均每人消费 1 元，那么 100 万人消费就是 100 万人 ×1 元 / 人 = 100 万元。这是游戏收益，互联网模式的第二种盈利方式。

玩游戏的过程中又出现一个弹窗广告：凡客帆布鞋只要 49 元一双。有 100 万人点击弹窗直达凡客诚品网站，看到琳琅满目、性价比高的产品，每人消费了 1000 元。在这 1000 元中，凡客诚品与 360 公司按照一定比例分配，假设 360 公司被分配了人均 1 元，那么 100 万人就有 100 万人 ×1 元 / 人 = 100 万元。这是电子商务收益，互联网模式的第三种盈利方式。

时下最流行的手机软件，如微信、抖音、小红书、墨迹天气、美图秀秀等，都是通过这种路径获取盈利的：消费者免费使用工具（软件）—广告收益／游戏收益／电子商务收益。

过去企业的正常思维是做大、做强就要加大投资，可是互联网公司认为构建一个资源生态，就能产生更新的商业机会。互联网模式的核心是主业不是用来盈利的，而是用来与用户产生联系的，通过在前端获得庞大的用户数，在后端通过广告、游戏和电子商务，以及重组产业链，为合作伙伴发掘新的商业机会。服务型平台并不是做一锤子买卖，而是需要提供可持续的多元化的服务，才能做大、做强。

2. 连锁模式

连锁经营是指同类商品或服务的若干家企业，以一定的形式组合成一个联合体，在整体规划下进行专业化分工，并在分工的基础上实施集中化管理，把独立的经营活动组合成整体的规模经营，从而实现规模效益的一种经营模式。

连锁模式简单来说有四种方式：直营、加盟、直管、异业联盟。直营就是全部都由总公司来管，由总公司投资；加盟就是管理和投资都由加盟店自己负责；直管就是管理由总公司负责，投资由零售店自己负责；异业联盟就是双方资源共享。

直营店的投资很大，考验的是能否把大量的工作放到中后台去。加盟店发展快，如果业务需要前台用心和用力的时候，就适合做加盟模式。直管是介于直营与加盟中间的状态，也需要提取出不能替代的能力内核，然后把它变成中后台的工作。异业联盟的核心是产品或渠道能否给合作伙伴带来更大收益。

　　四种方式各有利弊，也都有成功的案例，但这四种模式都有一个共同的核心，就是复制能力，也就是如何把单点的成功，复制成全面的成功。

　　一个商业模式的单点成功，可以是靠经验、人脉、勤奋、团队等，可是一旦复制出去，必须靠系统的能力而不是团队或个人的能力。比如，肯德基、麦当劳这样的快餐能够遍地开花，就是因为可复制的难度比较低。它们在炸薯条时，规定在油温 176℃时把薯条放进去，2 分 45 秒后准时出锅，这是非常精准的经验传递。

◎ **绝味鸭脖与名创优品**

　　通过"以直营连锁为引导、加盟连锁为主体"的方式进行标准化的门店运营管理，绝味鸭脖已经发展成为全国最大的休闲卤制食品连锁专卖网络和生产体系之一，所以绝味鸭脖的市值不在于鸭脖，而在于 1 万家门店和强大的复制能力。它的成功源于设计了一套成功的连锁模式——"一个市场、一个生产基地、一条配送链"，并快速复制到全国。

　　名创优品模式的加盟核心在于"速度和整合"。最快的速度莫过于直接收割既有的业态，通过一套新的合作商模式，通过代运营，让加盟商既省去经营的烦恼，又能获取稳定的收益。名创优品直接收购了李宁、美特斯邦威、361°等"低纬度"的商业加盟模式，同时，通过品牌背书、高效的商业模式整合了供应商、合作商及消费者，实现快速扩张，并具有战略视野地进行全球化推广。由于商业模式的可复制性和全世界人民对优质低价产品的共同需求，加之产品属性简单，涉及的专利和售后问题较容易处理，名创优品快速开启国际化道路，遍布全球 50 多个国家，海外店铺在 600 家以上，成为中国企业全球化的典范。

任何一块石头如果不动，那它都只是一块石头，只有放到山上滚落下去才会有雷霆万钧的势能。名创优品的成功在于，它充分把握了消费升级和全球化两大红利，给自己增加了势能。

所有的模式可不可行只有两个问题：有庞大的用户数吗？有庞大的渠道吗？好的产品是不可复制的，而生产好产品的过程是可复制的；好的员工是不可复制的，而让每一个进来的新员工都变成好员工的制度是可以复制的。连锁模式最重要的是复制能力，是把内核能力提炼出来进行复制，并且能够帮助合作伙伴获得收益。

3. 直销模式

直销模式一直在迭代，但核心是培训教育这一点没有变。现在流行的直播就是直销的一种形式，通过话术快速培训客户，让他下单。传统的直销是让用户将产品卖给用户，让一个用户先成为消费者，再成为传播者，最后成为代理人。直销砍掉了中间所有环节，将省下的钱给帮助分享和传播的人。直销的模式主要集中在打造多个爆品，但这种没有经过设计的模式弊端也极大。现在直播已经对制造工厂有了一些不好的影响，这是因为生产类的企业采用了不适合自己的盈利模式导致的。

◎ 安利

作为一家跨国公司，安利主要以直销模式开展经营，但也会根据所在国的商业法规和市场情况而灵活调整。安利企业及其产品的知名度很高，但是美誉度还存在问题。

◎ 芬尼

2015 年，芬尼的裂变团队推出了新款中央供暖系统，为家庭采暖提供解决方案。这套采暖系统的售价高于冷气热水器，而且需要更大的展厅才能展示，一旦进入传统的体验店，需要让渡至少 30% 的利润给加盟商，在市场上不具备任何优势。在这种情况下，裂变团队复制了知名互联网企业"优步"的模式，设计出一套全新的直销模式：发展"天使用户"，让房子成为体验店，让用户成为粉丝和销售员。

芬尼首先将原来的渠道成本补贴给用户，大幅降低了产品价格，从而吸引到第一批天使用户。之后，他们开发出的App 发挥了作用，能够像打车软件一样：打开搜索界面，附近使用本产品的家庭就会全部显示出来。如果对方在线，就可以跟他交流，预约参观供暖设施。相当于任何用户想要购买类似的采暖设备，只要打开 App，就会有一家体验展示店在身边。由此可以看出，这套模式的本质就是直销，让用户卖给用户，但又与传统的直销模式不同。这套模式不发展下线，每一个用户都可以成为一个中心节点，辐射一定距离的有效半径。这就是用移动互联网的思维整合传统商业的直销模式。

直销模式表面上是激励制度，但仅仅靠奖金激励很难持续长久，还要理解用户的行为和感受。

4. 金融模式

金融模式就是在信用背书的基础上放大杠杆能力。许多企业家认为这种模式只有行业巨头才能使用，与自己无关，其实再小的企业都可以用，只要抓住关键——金融模式的核心是杠杆。我们使用贷款就是用金融盈利，如投资 100 万，能赚 100 万，那么资本回报率是 100%。如果借 100 万，可以赚 200 万，假设付出利息 10 万，还可以赚 190 万，那么资本回报率是 190%。如果利润率、周转率都安全、稳定的话，就可以用金融模式来盈利。

企业集团化运作也是金融模式。比如，首钢集团集团化运作后，财务部慢慢发展成了银行，就是华夏银行。法律规定，企业与企业之间不能做钱的生意，但是母子公司之间可以借钱，这就可以设计许多盈利点。从这个意义上来讲，企业集团化就是一种金融模式，是企业发展到一定规模的必然选择。

5. 投行模式

投行模式是企业在资本市场中盈利的一种模式。比如，在企业估值只有 900 万时，投入 100 万占 10% 股份，当企业升值到 1 个亿时，之前的投入值 1000 万，而当企业升值到 100 亿时，就值 10 亿了。这样的造富神话在资本市场上屡见不鲜。这种模式对投资机构来说就是天使投资、风险投资、私募股权投资。对企业而言，投行模式是一个重要的融合资源、杠杆资源的手段。投行模式的本质是杠杆，而最大的杠杆是杠杆别人的时间与资源。这是许多企业家的短板：不敢分股权，不会分股权，最后留不住人才，企业做不大。他们认为分股权将会分走利润，这是错误的认识。投行模式帮企业多赚 10 元，分走 2 元，企业还能留下 8 元，这才是投行模式的真相。一个成功的案例是瑞幸咖啡，从成立到上市，只经历了短短的 18 个月。

现在 SPAC 上市也可以在一年半左右实现，对年营收几个亿的中小企业来说，这是一种快速的盈利模式。对于准备上市的企业而言，SPAC 的优点很明显。首先，对公司资质几乎没有任何限制。理论上，任何领域的任何公司都可以通过 SPAC 上市。一般被并购方只需要满足两个条件：第一，当 SPAC 公司合并时，要求标的公司价值大于 SPAC 融资规模的 80%；第二，标的公司提供至少 2～3 年的审计报表。对于第一个条件，由于标的公司估值灵活性很大，并不形成实质障碍。第二个条件则是股市对于拟上市公司的普遍基本要求。其次，SPAC 可以为企业提供更快的上市速度，并且确定性更高。通常从标的公司与 SPAC 公司签订合并意向开始，3～6 个月就可以完成上市，而传统 IPO 则需要 8～12 个月。在这个过程中，几乎不涉及承销商，也不需要向市场募资，整个过程几乎没有外部阻力，也不存在成功与否的问题，只需要按部就班走完流程。同时，标的公司估值可以相对灵活，因为本质上，标的公司的估值只需要得到 SPAC 公司认可，双方能够达成一致即可，而不需要像 IPO 一样纯粹看市场情况，甚至要依赖投行投资人。最后，SPAC 可以

在一定程度上减轻股份稀释压力。在传统 IPO 中，上市前的
Pre-IPO 需要稀释股份，IPO 又稀释股份。加之在一级市场上，
公司如果融资次数过多，太多的股份稀释对创始团队不利。

　　SPAC 作为一种上市的方式，在资本市场上突然火起来
是有其内在的原因的。

6. 产业模式

　　产业模式是上市公司经常采用的一种盈利模式，但不打
算上市的公司也可以用。产业模式的核心是产业上下游的整
合，推动产业链升级，结构调整效益大于单点经营效益。

　　产业结构不调整，仅仅依靠运营层面的修修补补无济于
事，也很难带来更大的突破。中国经济处于从粗放式向高质
量转型发展的时代，市场也将进入整合时期，大量落后、无
法跟上趋势的中小企业将被淘汰。强者恒强的产业合并是大
势所趋。

　　随着"互联网 +"渗透到了各行各业，互联网与传统行
业相互融合，又会推动产业链的整合进一步加速。产业模式
带来的整合有利于企业成本的降低，创新企业的出现，更加
有利于品牌及区域经济的发展，进一步形成战略竞争优势。

◎　吉峰农机

　　吉峰农机被誉为"创业板第一牛股"、农机产品中的"苏
宁"。创造这一传奇的人原来是一位农技推广站的站长——
王新明。他凭借着自己的聪明才智、胸怀、眼光，把一家名
不见经传的农机销售代理公司做成一家上市公司。

20 世纪 90 年代，中国农业处于由传统农业向现代化、机械化转型的阶段。1994 年，王新明筹了 30 万元，注册了一家名为"吉峰农业"的公司。20 世纪 90 年代后期以来，由于体制改革，原来的全国性农机销售网络分崩离析，形成了中小散户各自为政的混乱格局。吉峰农机同样遭遇了销售困境与压力，王新明采用整合重组的形式抱团前行。2002 年，吉峰以控股的方式整合了雅安地区的一家龙头经销商。2003 年，吉峰又联合四川某拖拉机厂一起在凉山地区整合了一家经销商。雅安、凉山两个控股公司成立之后，效果非常好，很快就有了不错的投资回报。这样战略逐渐清晰起来，就是要走整合重组的道路。同时，王新明发现，吉峰所选择的经营模式，正好适应了农机产业分散生产、分散使用、品种繁多、专业化强、季节性强的产业特点，有明显的优势。于是 2008 年，王新明推动吉峰农机完成股份制改造，开启了吉峰农机资本化之路，以激活吉峰农机的内在动力，适应业务。吉峰的销售收入从 2006 年的 2 亿增长到了 2009 年的 16 亿。在 2009 年 10 月的最后一个交易日，王新明带领吉峰农机，成为首批 28 家创业板公司之一，整个板块涨幅超过 100%。王新明领导的吉峰农机成为百亿企业，从中可以总结出以下几条成功的经验：第一，构建生态圈，做平台；第二，做好共享店的建设；第三，"互联网 +"线上线下新零售模式；第四，布局海外市场。

今天的全产业整合，不再只是单一产业的上下游全产业链整合，更重要的是在产业链与产业链之间实现整合。在产业模式的整合过程中，首先是帮扶下游，然后整合上游，最后是并购中游，拥有庞大的用户及渠道是产业整合的关键。

商业模式其实远不止以上六种，但是这六种是商业运转中经常会遇到的。

三、八大盈利模式

1. 产品盈利

产品盈利是适用于不同时代的盈利模式，即低成本的盈利方式。凡是靠产品赚钱的企业，不论是工厂制造、贸易流通、批发代理，还是实体店终端销售，所使用的盈利方式都属于产品盈利。用产品盈利模式赚钱的企业，成功的秘诀只有一个：将产品的成本降到极致，价格低到让用户尖叫，品质也不差。多数人认为，产品价格过低，企业就没有利润，一分价钱一分货，便宜就没有好品质。其实，品质的好坏是和用户的预期匹配的。每一个价格区间，都会出现很好的产品，都会产生伟大的企业，比如，我们熟知的 ZARA、优衣库、宜家、沃尔玛、名创优品等。

◎ 宜家

传统的思维是先做出产品，再根据产品决定价格。而宜家是根据人们的消费能力，先设计价格，再根据价格设计人们需要的产品。为了使自己的产品在价格上具有竞争力，宜家可谓想尽一切办法减少制造成本和经营成本。比如，集中设计、全球采购；在当地委托加工以减少物流成本；商城一般位于城市郊区，设有较大的停车场；采用仓储式的装修；讲究清洁、干净、有条不紊，但不奢华；通过信息化降低人力资源成本；通过专业化把物流与售后服务外包；全球化、规模化供应。

宜家有一款经典的马克杯，售价只有 2.9 元，它的把手特别小，只能伸进一根手指，而且杯身很短，比一般的马克杯矮一截，不太好看。那么，这种设计是怎么出现的呢？是设计师一时失误，还是有别的原因？其实，这是宜家设计产品时的一个原则——性价比原则导致的。宜家的做法是，把成本控制的环节提前，通过对设计的把控，来降低后续的制造、运输、物流等一系列成本。因为在宜家看来，性价比的核心不是简单的成本计算，而是一场效率革命，在生产和物流的刚性约束下，通过提升各个环节的效率来降低成本，同时又不降低产品质量。对马克杯来说。将把手设计得更小，是为了在装箱的时候，可以一个套一个地叠着放，更节省空间。杯身设计得比较矮，是因为这个高度的马克杯恰好可以严丝合缝地摆满整个集装箱。这款马克杯从设计诞生至今一共经历过 3 次改良，按照第一版的设计，一个集装箱货盘上只能摆放 800 多个杯子，但是现在可以摆放 2000 多个杯子，运输效率提高了一倍以上。换句话说，这款马克杯是针对集装箱的尺寸设计的。

每年，宜家都会推出 2000 多款新产品，其中很多并不是全新的设计，而是对旧产品的改良，如去掉书架的腿。对书架来说，腿本身不是必需品，把它去掉，不仅节省运输空间，还能相应地减少一条专门生产书架腿的生产线，成本降低，生产周期也会变短。而且，为了提升物流效率，宜家的家具从来不提供拼装服务，它们都被拆成零件售卖。显然，和成品家具比起来，尚未拼装的零件更节省运输空间。而且不管是圆形的餐桌、方形的衣柜，还是形状非常不规则的衣架，基本上都只有两种包装形式，一种是方形包装，另一种是 L 形，即使再复杂的形状，宜家也能够通过设计，把包装限定在这两种形状之内，这样就可以大幅度提高集装箱的摆放效率。

◎ 刘润线上课

刘润在知识服务 App"得到"上开设了一个音频专栏——"刘润·5 分钟商学院"，每个音频时长为 5 分钟。为了保证输出品质，每个音频要投入 5 ～ 7 个小时的录制时间。以刘润的时间成本来计算，他大概一共投入了 800 万元人民币来做这一门课。当时的课程定价是 199 元，刨除平台分走的利润，这就意味着，这门课必须卖出 8 万份，才能收回成本。最后，这门课的销售规模超过了 8 万份。这个世界上有没有讲商业讲得更好的老师呢？肯定有，如果有人要做类似的课程，就需要做一个判断：在199元这个定价下，有没有信心也卖出8万份？199元之下的8万份，是刘润老师对"规模"下的重注，也是他挖的护城河。

事实上，成本降低的背后考验的是企业管理的综合能力，能够把成本降到最低，又能保证品质，就是企业永远的核心竞争力。低成本盈利这条护城河很不好挖，但是一旦挖好，就固若金汤。

2. 品牌盈利

品牌本身就是独立的产品，真正会做品牌的人会让品牌越来越值钱。做产品的人认为，能盈利的是产品；做品牌的人认为，能盈利的是品牌。这是两种完全不同的思维。品牌盈利就是附加值盈利，卖的不只是产品本身，更多的是产品的品牌价值。品牌附加值是通过各种方式在产品的有形价值上附加的无形价值。品牌附加值的提升方法主要是提升功能附加值。

◎ **王老吉**

功能附加值即赋予产品功能属性之外的文化、个性、情感等。消费者耳熟能详的饮料王老吉之所以被熟知，是因为产品的功能属性被植入了消费者的心里——"怕上火，喝王老吉"。下面借王老吉的案例剖析品牌盈利这个模式。

王老吉的品牌打造经历了最初的尴尬、早期的瓶颈、中期的辉煌。据说，王老吉凉茶创立于清代道光年间，创始人的小名叫王阿吉，后来由于年龄渐长，人们便叫他王老吉。由于岭南一带湿热，人们容易上火，王老吉就在门前支起一个凉茶铺子——"王老吉凉茶铺"。

在王老吉凉茶被广药集团接管时，还没有品牌的概念，提出的口号也只是"中药凉茶"，但其味道略苦，口感不佳。在岭南地区，人们把它当作中药使用，认为只有病人才会喝，再加上该地区还有其他品牌的凉茶铺，这些凉茶铺售卖的凉茶、凉茶颗粒和自制凉茶配方，不论是在降火功能上还是在价格上，都比王老吉有优势。

面对竞争对手的围攻，王老吉开始走上了品牌的启蒙之路，它打出了广告语：健康家庭，永远相伴！但是这个广告语和"三棵树"品牌的油漆广告语"三棵树下，健康人家"非常接近。这也反映了当时很多企业对于品牌的认知：拼命放一些好词在广告语里，如环保、健康、绿色……企图适用于所有的消费者，而实际上消费者并不知道到底卖的是什么。由于局限在"凉茶"这个概念上，尽管它的广告非常多，销量却一直不温不火。

后来经过调研发现，王老吉凉茶卖得最多的地方不是大型商超，而是川菜馆、湘菜馆。因为川菜、湘菜口味以辣为主，吃多了容易上火，而凉茶正好可以降火。于是王老吉的定位从一款降火的中药凉茶变成一款预防上火的饮料。广告语也变成："怕上火，喝王老吉！"王老吉品牌因此成功地植入了消费者的心里：怕上火 = 王老吉。同时，王老吉将主打渠道放在了餐厅门店，门店里的海报、冰柜、收银台，甚至牙签桶上，都赫然覆盖着王老吉的标识，服务员同样穿着大红色的王老吉马甲。凭借一句精准的广告语和一系列的营销策略，王老吉的年销售额在短短的几年里从1亿元跃升为150亿元。

现在，用户的选择权变得越来越大。面对过剩的选择，每个企业都必须在消费者的大脑中回答一个问题：选择你而不选择竞争对手的理由到底是什么？

针对不同行业地位的四种企业，有四种品牌打法。

封杀品类：在时间窗口内进行饱和攻击，成为占据消费者心智的第一品牌。比如，烤鸭就吃全聚德、要租车找神州、装修就上土巴兔等。第一个开创某种商业模式的未必赢，而第一个占据消费者心智的才能笑到最后。新创品牌要用最简单、最高效的方式刷屏，成熟品牌需要分享一个令人兴奋的观念，让别人记住你。

占据特性：将自身优势无限放大。做广告的目的其实就是希望让消费者产生条件反射。要借力打力，竞争对手最强大的地方，也是他最薄弱的地方。可口可乐最显著的特性是传承，所以百事可乐的广告语是"百事可乐，新一代的选择"。滴滴出行主打的是共享，那么神州专车主攻"安全"。

聚焦业务：让自己更专业、更专注。集中兵力，不要尝试进入管制太强的行业。

开创新品类：抢占市场制高点。美国品牌管理大师戴维·阿克（David A.Aaker）说过：要么做得更好、更受欢迎，要么开创新品类。如立顿袋泡茶、王老吉凉茶、九阳豆浆机。为防止恶性竞争，可抓住时间窗口饱和攻击，封杀品类。

品牌的价值在于建立信任，降低交易成本，创造溢价。品牌本身就是独立的产品，企业经营的成果是"品牌认知"。品牌不是企业自己标榜的，而是存在于消费者的心智中。

3. 模式盈利

模式盈利又称为隐形盈利，通俗地说，就是把"看得见"的钱舍掉，赚背后"看不见"的钱。有很多公司看似靠卖产品盈利，其实卖产品只是大家看到的现象，其背后有其他可持续的盈利方式，比如，吉利买刀片送刀架。还有很多公司本身就是靠模式盈利的，没有任何实际交易的产品，比如，爱彼迎（民宿预订平台）。

◎ 小米电视机

2022 年，我想买一台电视，有 3 个品牌可选择，分别是三星、长虹和小米，它们的价格分别是 9000 元、5000 元、3999 元。综合对比之后，我选择了性价比最高的小米电视。买回来后，我发现里面有很多电影，其中有一部电影《复仇者联盟》，上面显示着免费观看 5 分钟。5 分钟之后，跳出这样一行字"如果继续观看，请先成为会员"，我选择了继续观看，但是需要支付 15 元的会员费。小米为什么能把价格压到出厂价那么低？因为它不是靠电视盈利，而是让电视与消费者产生连接，在配套产品和增值服务层面获得盈利。小米由硬件延伸到以软件、服务来盈利，不再依靠硬件赚取利润，即采用"Free+Premium（免费增值）"的模式：先通过不赚钱或赚取很少的钱留住大量用户，然后通过提供增值服务、收费软件和配件等方式来变现。这就是隐形盈利模式。

4. 系统盈利

系统盈利的核心是整合性盈利，通过资源整合实现盈利，用一套系统整合社会上存在的资源，并盘活这些资源，帮助合作伙伴实现盈利，同时自己也能获得收益，达到互惠互利的正向循环。

◎ **从汉庭酒店加盟到酒店产业化系统，再到华住酒店集合系统**

有人投资开了一家酒店，但是他没有酒店管理经验，不知道如何经营和提高服务质量。汉庭集团的人员此时介入进来，想合作经营。汉庭集团有几百万的会员，还有完整的管理体系。通过以上两个条件，酒店既有了客流量，又有人管理，酒店的老板只要等待分红即可。这就是汉庭酒店的系统盈利模式。汉庭集团以这样的方式迅速在全国开设了 1000 家酒店。

如果每家酒店需要投资 500 万元，那么 1000 家酒店就需要投资 50 亿元。汉庭集团用自己的客流量和完整的管理体系与投资方合作，节省了 50 亿元的投资。

从酒店选址到装修，再到开业大概需要 3 个月，但是汉庭集团通过整合的方式只用 15 天就可以开业了。所以，汉庭集团只用了两三年就在纳斯达克上市。这家企业的老板是季琦，在创办汉庭集团之前，他创办了携程，懂得了如何获取客户流量；创办了如家，懂得了如何管理酒店。在创办汉庭的时候，他只需要整合市场上的酒店就可以了。

华住供应链平台做的所有事情可以用两句话归纳：一是整合好资源，二是将资源整合好。将资源整合好就是让 1+1 大于 2，甚至等于 10。很多合作伙伴在合作过程当中提供了服务，提供了很好的产品，并且自己的公司也得到很好的发展，人才梯队也得到了建设，在行业中获得了更多机会，这是真正的双赢。

◎ 携程

携程网是在线票务服务公司，创立于 1999 年，自创立以来以稳定的业务发展和优异的盈利能力取得了行业老大的地位。那么，其优异的盈利模式是什么呢？

通常来说，网站的盈利模式分为两种，一种是流量模式，一种是会员模式。在流量模式下，不区分用户群，依托庞大的点击率，可以获得广告收入，这是很多传统门户网站的重要收入来源，这种模式的盈利基础在于具有庞大的流量。在会员模式下，必须区分出用户群，然后依靠足够数量的使用会员，获取会员服务费，或者成为会员与商户的中介，赚取商户的中介费，这种模式盈利的基础在于会员使用服务的频率。携程网其实就是会员模式，它不计成本地发行会员卡就是为了获得足够多的使用会员，然后赚取旅游中介的费用。这种模式对于它有四种显而易见的益处。

第一，它面对的主要是中高端的商务会员，这些会员不仅有较强的消费能力，而且具有使用该业务的需求，使用频率非常高。对携程网来说，单个会员的使用频率对利润的贡献更重要。而扩大会员量只是为了能够从商户那里得到更低的折扣。所以，携程网发行会员卡的成本完全可以降下来，因为一个会员使用十次就相当于十个会员只使用一次，如果发行十张卡，只要有一个人加入了会员就可以保证盈利。所以，携程网广泛发卡只是为了先从人群中区分出它需要的目标客户，发卡的成本相当于广告成本。

第二，携程会员卡的积分制保证了会员卡的重复使用率，所以虽然积分具有一定的成本，但是重复使用会增加利润，同时也降低了单卡的发行成本。

第三，携程网在发展了数量巨大的会员之后，对于相同模式的市场后进者来说就相当于建立了一道强大的壁垒。除非竞争对手可以提供更低的折扣优惠、更便捷、可信的服务，否则无法轻易转移它的会员。这也使它的市场先入优势最终转化为它的核心竞争力。

第四，当携程网的会员发展到一定规模的时候，会员卡将不再毫无价值，相反它因为能够为会员带来额外的实际的好处而对非会员形成了门槛。也就是中介平台做到足够大了以后，就占据了较为强势的地位，这也是后来携程网不再免费发卡的原因。携程网本质上是一个中介机构，只不过借助了互联网作为工具。作为中介最大的风险在于中介双方直接交易而绕开了中介机构。携程网的利润来源主要是四部分：酒店预订代理费，基本上是从目的地酒店的盈利折扣返还中获取的；机票预订代理费，从顾客的订票费中获取，等于顾客订票费与航空公司出票价格的差价；自助游中的酒店、机票预订代理费以及保险代理费，其收入的途径也是采用了盈利折扣返还和差价两种方式；在线广告费。在酒店的盈利折扣中，用户完全可以和酒店取得联系后双方直接交易，重新分配携程所应得的中介差价而避开携程网。机票预订费，航空公司也在开通自己的网上订票业务，避免损失中介所分得的那一部分利润。基于这些原因，携程网开始利用它掌握的旅游资源提供更多具备更高附加值的服务，比如，它的自助度假业务就将机票和酒店业务整合在一起获得了更高的利润。从它的发展方向来看，互联网对它而言只是一个信息和资金的流通平台，其更多的利润来自线下。

系统盈利的理念首先是成人达己，系统经过整合拥有更多的竞争力，我们需要一套融合的创新机制把社会上的资源充分利用起来，在帮助别人做好生意的同时，也顺便为自己赚取利润。

5. 资源盈利

资源盈利就是能够垄断某种独特资源形成盈利，是在对某项政策资源或自然资源把持的基础上形成的业务模式。资源包括上游核心资源、下游终端资源、规模优势资源、特殊的法律地位、专利技术等。

◎ 东阿阿胶

电视剧《大宅门》中有这样一个情节：白景琦在山东的阿胶作坊因为战乱缺乏足够的驴而无法开工，濒临倒闭。后来，政府雪中送炭给他带来了几百头驴，化解了一场倒闭危机。熬制阿胶需要驴皮,目前全国大部分养驴基地都被东阿阿胶集团拥有。这背后的含义是什么?同行如果想与东阿阿胶竞争,没有驴。所以,全国阿胶的价格由东阿阿胶主导确定。

◎ **分众传媒**

2006 年 1 月,分众传媒以现金加股票的方式收购了即将上市的竞争对手聚众传媒,业内人士纷纷称:分众传媒已经实现了对国内楼宇广告的垄断。

在此之前,因为聚众传媒的融资速度跟不上分众传媒,所以在占领楼宇电梯的竞争中败下阵来。收购了聚众传媒的分众传媒实力大增,覆盖了全国近 75 个城市,超过 30 000 栋楼宇,以及 60 000 多个液晶显示屏。在中国楼宇电视广告市场里占 98% 的份额,处于绝对的垄断地位。同行如果想与分众传媒在电梯广告这个领域竞争,连放广告的地方都没有。

当企业通过某种方式获得这些独特资源,形成对资源的独占优势后,业务模式也就能自然而然地建立起来了。

6. 收租盈利

收租盈利又被称作知识产权盈利,也叫专利盈利,是以专利(技术型专利、实用型专利、外观型专利)为载体,通过售卖、转化、许可、质押、技术入股等方式盈利。具体表现为生产、销售专利产品变现、专利入股获利、专利享受国家补助、专利许可他人获利、专利出售或转让获利等。

◎　迪士尼

迪士尼创造了很多脍炙人口的动画片形象，如米老鼠、唐老鸭、白雪公主，等等，并且把各种动画片表现出的色彩、刺激、魔幻手法和迪士尼乐园的线下场景结合起来，形成了享誉全球的迪士尼乐园。迪士尼用电影创造形象，又在线下形成乐园的现实，把各种电影的形象和道具放在乐园及迪士尼的其他平台上进行展示和销售，形成了立体化商业模式，并在全世界开设了 6 个度假区，完美地呈现了收租盈利模式。

7. 金融盈利

金融盈利是指通过平台自身来运营资金，让资金在个人、平台、企业之间进行高效率流动，形成一个流动生态圈，实现支付、贷款、理财、保险、证券、银行、征信、基金、众筹等。从本质上说，金融的逻辑就是促进资金的流通，实现资金在时间和空间上的转化，核心是对未来和风险的定价。

◎　BAT[1] 布局线上金融生态

百度是全球最大的互联网入口之一，拥有海量互联网数据，并能基于强大的云计算能力、领先的人工智能与大数据技术，实现数据挖掘与智能化处理。百度在金融方面的布局有度小满钱包、百度小贷、百度财富、百度有钱、度小满金融、百信银行等。

1　BAT 一般指中国互联网公司三巨头：百度（Baidu）、阿里巴巴集团（Alibaba）、腾讯（Tencent）。

阿里巴巴集团提供多元化的互联网业务，涵盖 B2B 贸易、个人零售、支付、企业管理软件和生活分类信息等服务范畴。阿里巴巴基于云计算、大数据和信用体系等底层平台建设，推动了移动金融服务的普及。阿里巴巴在互联网金融方面的布局包括支付宝、花呗、余额宝、众安保险、芝麻信用、天弘基金、造点新货等。

腾讯以"连接一切"为终极战略目标，业务定位倾向于打造开放平台，发挥"连接器"的作用，故其金融业务多为渠道、流量入口、平台等模式，强调合作共生。目前，腾讯金融"全牌照"布局逐步完成，从微信支付、财付通到微粒贷、理财通，再到众安保险、微众银行、腾讯征信等，在完成金融生态闭环建设后，腾讯金融未来的关键在于自身数据资源的挖掘及应用场景的搭建。

8. 生态盈利

我们都是随着某个生态系统生活的，在生态系统里，每个人都拥有自己的角色和地位，占据一定的空间，发挥一定的功能，鹰击长空，鱼翔浅底，构成了整个生态系统的繁荣。现在常见的有阿里生态、腾讯生态、小米生态、华为生态，当然还有很多其他生态类的企业。

◎ **阿里云的生态系统**

阿里云早就开始建立自己在全球的生态体系：2016 年，阿里云同欧洲知名的通信网络公司沃达丰达成战略合作，拓展欧洲市场；2017 年，阿里云与马来西亚的数字科技公司

FusioneX、电信运营商 TIME 等企业合作，将云计算技术应用于旅游、物流、交通、金融等领域；2018 年，阿里云与澳大利亚金融服务行业技术提供商 TAS 合作，为当地金融行业提供数字技术。2018 年以来，阿里云全球生态体系正在迅速扩建。阿里云数字化转型的技术和方法论得到了越来越多行业龙头的认可。

◎ 小米生态链

　　小米生态链在三年里孵化了近百家企业，涉及上百种品类，做出了很多爆款产品。小米生态链也被看作小米盈利的一个重要渠道。小米生态链分四层：最中心一层是手机、电视等基础硬件；第二层是与基础硬件相关的耳机、充电宝、手环等；第三层是电饭煲、电水壶、智能台灯等物联网设备；最后一层是家庭耗材类，比如，与电饭煲相关的大米、和净化器相关的滤芯等。小米认为各种智能硬件终端都可以成为渠道，比如，用户在小米空气净化器的 App 页面上就可以下单购买滤芯，物联网设备也可以主动向用户推送信息。

　　中国今天已经出现了很多千亿级的大企业，而大消费时代的来临，将会催生很多市值超过万亿的公司。沿着大企业时代再往前推进，未来十年可能是一个大国企的时代，因为中国开始有了国家级别的品牌输出。

　　大型企业通过庞大的用户数或产业链生态，服务用户的方方面面，包括学习、工作、生活、休闲等，以及产业链上下游之间的协作，最终形成一个盈利的生态系统。

第六节 "设计+"与"设计得到"

一、"设计得到"的缘起

"设计得到"成立于 2017 年 11 月，总部位于上海，由 dop 设计公司发起，致力于共建一所为 1000 万设计师提供知识服务的互联网大学。截至 2022 年，"设计得到"的用户有近 120 万，付费学习人数超过 40 万。"设计得到"在微信端、网页端以及 App 上以视频、音频、图文、直播等多种线上学习形式，满足了设计师的学习成长以及工作社交需求，已经成为室内设计领域知识服务领导品牌。

"设计得到"创立的缘起是 dop 设计公司在招聘过程中受到了打击。当时，dop 设计公司发展很好，但是遇到了两类问题。一是刚刚毕业的年轻设计师不懂实战，需要花很长的时间训练来获得实战知识；二是大多数设计师做基础实战工作时找不到成就感，所以不愿意做。于是 dop 萌生了这样的想法，批量化地把实战知识总结出来培训设计师，也希望树立榜样，让更多的设计师看到做基础工作也可以获得尊重。于是，dop 的核心团队花了近一年的时间整理了《室内设计节点手册：常用节点》这本书推出市场，结果很受业内人士的欢迎，成了行业内的爆品，让更多的设计师认识了"设计得到"。刚好，2017 年国内移动互联网发展迅猛，知识付费成为所有人学习的新方式，"设计得到"趁势做起了公众号，通过每天分享一篇设计行业实战知识内容，很快就收获了第一批用户。当时也有很多同行认为，这样把公司积累的专业经验分享出来，不是培养了更多的竞争对手吗？公司内部也有反对的声音。但"设计得到"的创始人认为这件事情非常有意义。行业里的年轻设计师成长要靠传帮带，但不是每一位师傅都愿意教，也不是每一位师傅都会教，更不是每一位师傅能教所有门类的知识。此外，设计行业更新迭代很快，跨行业的知识又很多，绝大多数公司都无法把前人的项目经验进行整理、提炼，并系统化地传接给新一代设计师，这就导致了年轻设计师无法快速成长，从而使行业的职业化程度不高。而"设计得到"在公众号分享了文章，每天都能收到用户的感谢留言，甚至还有的人寄来了家乡的特产。这让"设计得到"获得了为行业带来改变，帮助更多人的信心。

二、"设计得到"的发展，从模仿到超越

在初期，"设计得到"不断地学习互联网领域一些头部知识付费平台的玩法，用公众号引流，建立社群，用线上知识付费平台把实战知识不断地整理成线上产品，通过推广形成销售。历经了两年多的发展，形成了线上课程、订阅专栏、书籍出版、微信公众号矩阵、社群、训练营、文章等多种服务形式。在内容上不断增加如施工工艺、装饰材料、施工图深化、设计软件、软装设计、方案设计、效果图、设计规范、设计选修、设计基础等实战板块，获得了快速的发展。到了2020年上半年，用户增长出现了减缓的趋势，并且很多设计

师付费之后也不一定完整地跟随学习。这使"设计得到"开始思考这种学习方式的本质。第一，线上学习没有人监督和陪伴，很容易放弃，导致交付效果无法保证；第二，垂直行业的用户规模有限，加起来不到 2000 万；第三，知识产品靠自己的团队输出，效率很难提升。于是"设计得到"重新梳理了公司的使命——要成为设计师职业生涯中的综合服务平台，围绕着设计师一生中从学习到成长，到就业，到创业的不同阶段，提供帮助设计师成就不凡的综合服务。紧接着，"设计得到"开放了平台的合作，让更多老师入驻平台，增加了线下活动及城市巡讲，创新了线上训练营的模式，对接全国城市的就业资源，提供行业内设计众包服务，以及设计师创业辅导、行业资源的对接服务。"设计得到"的目标是通过输出，服务 1000 万设计师，帮助设计师成就不凡，最终为上亿的人民提供专业化的服务，让大众享受更好的生活。

三、设计得到的"设计+"规划

作为国内最大的设计师教育平台，"设计得到"致力于打造一个 1000 万设计师活跃的共享平台，让全世界设计师都聚集在这个平台上。除了吸引设计师入驻以外，还要吸引需求方企业到平台来挑选设计师，让用户参与设计。

"设计得到"践行"设计+"八大使命，坚持"设计+"的五大原则，贯彻"设计+"的四大理念，使用"设计+"的七大工具，帮助企业进行"设计+"六大定位，通过"设计+"建立起企业的三大系统，实现企业实现可持续盈利的两大目标。

"设计得到"帮助设计师提升职业能力，帮助设计师升级为"设计 +"设计师，帮助设计企业从产品设计到盈利设计，帮助企业家转型为"设计 +"设计师，帮助"设计 +"设计师转型为教育家。"设计得到"促进产业聚合，通过课程、案例，向业主、大众传播设计美学，提高大众对美的鉴赏能力。"设计得到"在全国各主要城市发展城市合伙人，将垂直领域做深、做透，为他们提供长期服务，一起形成设计产业生态链。

四、如何使用"设计得到"

进入新时代，人们对美好生活的向往之情越发强烈。而在设计领域，产品设计、商业设计、盈利设计、空间设计的问题相对突出，存在行业不规范、服务不专业等问题。另外，专业设计师的市场缺口也导致整个行业的职业化发展受到了阻碍。随着"互联网 +"的融合，信息传递和知识获取更方便，加上技术的发展，一些平台化的公司出现，设计师的专业能力需要提升。围绕着这些问题，"设计得到"如何为设计师、企业家赋能？

1. 设计师的学习、交流、展示平台

设计师这个职业挑战很大，除了在大学要学习工程技术方面的几十门相关课程，还需要有历史人文、艺术审美方面的修养。毕业之后，设计师须在项目实践中学习大量的材料工艺、施工落地等应用型知识，更要在与客户沟通过程中学

习良好的表达及沟通技巧，十八般武艺都要学习。在房地产市场高速发展时期，绝大多数受过训练、被市场培养起来的专业设计师都服务于 B 端客户，而且 C 端为设计付费的认知还未形成，所以设计师的专业化程度相对来说还不成熟。随着 B 端客户也逐渐进入存量市场，经过专业训练的设计师、建筑师将溢出到市场上，这将迎来设计产业的升级。现在也是用设计点亮民众美好生活的时代，在这个过程中，需要有平台为这些设计师建立一个学习、交流、提升的社区，加速提升整个行业的职业化水准。

"设计得到"梳理设计知识图谱，按照设计师职业成长路径进行知识的构建。设计师在这里可以获得前人的经验、工作的工具、学习的案例，以及各种材料的信息。除了专业知识，这里还有关于商业模式设计、盈利设计的知识。设计师在这里还可以找到同行，互相交流，共创共赢。通过社群、直播、线上学习营、项目合作、众包以及资源的对接，每个设计师都可以融入圈子，获得更好的发展机会，同时也可以展现自己及自己的作品，让客户发现自己，树立自己的行业 IP。

"设计得到"有全国城市合作伙伴，会定期举行线下的交流、分享，还会进行一系列的城市巡讲、游学活动。到了年底，"设计得到"邀请行业内各细分领域的老师，分享他们的最新认知，全国各地的设计师齐聚一堂，进行充分的交流互动。

2. 全民获得创新设计、前沿理念、案例的好渠道

设计是一个复杂的系统性工程。每个人的世界观、审美

观、价值观的差异会在设计的过程中暴露无遗，不同年代的人，认知千差万别。因为互联网让信息传递变得简单，也促使大家对美好的家有了更多的探索。相比于父辈，年轻一代消费者对审美有了更多的追求，尤其国内市场梯度很大，加上供给端及行业的职业化程度还未成熟，这给了设计师很大的发展空间。

对美好的家的追求越来越成为刚需，但每一个人对美好的家都有自己的个性化需求，这就对提供服务的设计师及相关供应链提出了更高的要求。一边是众多的用户，一边是数量众多但极度分散的设计师，双方如何匹配，如何找到适合自己的设计师，怎么选择，有什么标准，服务的流程内容及收费标准如何让双方能够满意？这中间不仅存在巨大的交易成本，而且需要有行业服务职业化系统的构建，以及供应链基础设施的完善，还要有第三方平台的背书和持续供应中、后台系统支持，就像美团把众多的餐厅和消费者连接起来一样。"设计得到"通过教育把专业设计师聚集在一起之后，通过对设计师专业的培养、对案例的展示、对个人 IP 的传播、对行业配套资源整合的几个维度进行闭环打造，未来成为可以为全民提供了解设计前沿、案例风格的专业渠道。

3. 设计师的获客平台、资源平台

企业需要找好的设计师，而"设计得到"平台上的设计师是天然的好设计师，他们不仅了解产品设计，还了解盈利设计、可持续设计，是企业做设计的好帮手。

设计师在这里也可以找到帮助自身发展的资源，如行业资源、供应链资源等。"设计得到"还有设计行业的各种奖项的评审资源，可以为设计师赋能。设计师也可以在这个平台上直接获取客户，并且业主在这里可以与设计师一起参与设计。另外，企业也可以将设计师当成推广的一个重要渠道。

第七节 "设计＋"与材料美学馆

一、材料美学馆是应"时"而生

材料美学馆既是设计师的一站式选材中心，又是产品销售、研发、品牌传播的多边平台。

材料美学馆创立的缘起一方面是解决设计师的选材问题。国内有超过百万的设计工作室。设计师就像一个厨师，种类数以千万计的材料产品就像一个庞大的食材供应库。在设计项目过程中，设计师需要快速找到匹配的产品，满足项目需求，解决设计创新问题，以及材料产品的专业咨询问题。在一个项目的过程中，设计师在寻找、沟通及项目推进过程中耗费了大量人力和精力，但往往因为材料产品不匹配产生返工或效果不理想、客户的不满意，带来很多损失。另一方面是解决几千万家材料供应商精准找客户的问题。材料供应商千辛万苦研发一款新产品，如何低成本获客？如何快速得到用户的互动反馈，并持续改进产品？如何持续地与设计师建立联系？这些问题都是千千万万材料供应商的痛点。这就是材料美学馆的目标——成为链接百万设计师与千万材料供应商的多边平台。

材料美学馆的使命就是为设计师节省时间，为品牌商定标准，材料美学馆的愿景就是协同设计师帮助中国建材家居行业进行产业升级，帮扶企业模式创新，提高在全球范围内的竞争力，让人们享受高质量的好产品。"材料美学馆"的五年规划是要构建拥有 100 万个 SKU（最小存货单位）的产品库，赋能 100 万个设计师。

二、材料美学馆的"设计 +"规划战略

材料美学馆 = 线上找材 + 智能仓储 + 高效物流 +SaaS（软件运营服务）平台，设计师、建筑师可以在这里搜索、订购免费的材料样板。

材料美学馆的收入依靠品牌合作伙伴的赞助，样品的费用由品牌方承担。材料美学馆重塑了设计师、建筑师和企业用户搜索和取样的方式，其优势在于使品牌方和设计师产生黏性。

材料美学馆建立了线上材料库与线下展示联盟店。线下联盟店将共享给设计师会员使用，成为设计师线下选材交流中心。线下空间具备材料展示、活动交流、直播宣传、知识分享、新品发布等功能。因此，线下空间也是材料品牌商的宣传推广平台，解决了材料商品牌宣传及低成本获客问题，以及持续与设计师交流合作的问题，可以大幅节约建设及运营的成本，同时多边的资源的加入也产生了叠加的流量效应，产生更多的商业机会。

材料美学馆通过聚集海量设计师与材料商，再加上高校及相关研究机构，成立材料产品研究院，协同设计师、高校、材料商进行产品研发合作，开发新产品，重新构建每一个品类的细分品牌，通过线上及线下宣传，以及全国的设计师网

络，形成研发、生产、销售的全链路闭环，平台实现模式盈利。材料美学馆通过全国复制，用加盟及联盟的方式实现了千城万店计划，让三、四、五线城市的设计师也能就近获得材料美学馆的专业服务。

三、材料美学馆的会员

1. 上海腾阁装饰设计工程有限公司

上海腾阁装饰设计工程有限公司旗下的"腾阁设计师服务平台"，起步于 2018 年，是一家用"设计＋"理念构建的独立设计师工作室服务平台。开始时，公司专门以上海独立的小设计工作室为服务对象，帮助设计师做项目落地，渐渐地，服务的设计师工作室有了 20 多个，于是，他们通过联合办公的方式把大家组织起来，一方面，一定的规模优势让客户产生了更大的信任感，让企业形象有了提高，在接待用户时更有说服力，从而提高了谈单的转化率；另一方面，用集中办公的优势把行业的上下游资源整合在一起，在提高工作效率的同时，也降低了成本。当把设计师聚在一起的时候，很快就根据需求又增加了设计师在谈单的过程中的报价服务以及供应链产品的支持。这样可以提高设计师谈单过程中展现的专业度，提升客户的体验，从而让设计师的业务量有明显增长。

在项目签约后，通过腾阁自己的项目经理管控体系，让项目的落地更顺畅地进行，节约了设计师的现场服务时间，同时也优化了客户的体验，形成了很好的口碑。让客户对设计师的满意度增加，同时也能够为设计师带来新客户，形成了正向反馈。

成立5年来，"腾阁设计师服务平台"的业绩每年以80%～100%的速度增长，在家装行业日趋激烈的竞争中逆势上扬，形成了独特的发展路径与模式。

2. 上海可建新材料科技有限公司

上海可建新材料科技有限公司也是基于"设计+"理念发展的典型。一开始，公司是一个材料经销商，代理多家材料工厂的产品销售。随着市场的同质化，竞争日趋激烈，产品类型多了，人员投入也多了，但利润越来越少，于是，公司不得不转型聚焦于专注水泥类产品的材料经销商。

安藤忠雄的项目在中国落地，激发了设计圈以及一部分客户对混凝土审美的追求，上海可建新材料科技有限公司发现了这个市场机会，转型专注于对混凝土产品的研究，通过拜访、跟踪和服务小型建筑师事务所以及一些专注于混凝土设计的个人设计师，逐渐在设计师圈中塑造了一个混凝土材料服务专家的形象，前期通过设计师在方案阶段提供技术咨询服务，再帮助设计师提供符合效果及性价比的解决方案，然后取得在项目竞争过程中的绝对优势，让自己的产品进入更多项目的实操过程中。

后来，公司发现了客户在落地施工中的新需求：通常，水泥混凝土在一个大项目中体量不大，总包公司不太愿意承接，加上施工也需要专业的工人和技术服务对接，有时候产品虽然没有问题，但施工管理和技术上如果出现漏洞，也会导致施工质量验收通不过，从而增加了风险，因此，总包需要找专业分包落地。慢慢地，上海可建新材料科技有限公司就从一个建材代理商转变成前期帮设计师提供咨询解决方案的服务商。到后期，通过对小型水泥混凝土有要求的项目实现了 EPC 一揽子服务，成为水泥混凝土专项的综合落地服务商，成了细分行业的一匹黑马。

3. 柚木小铺

柚木小铺的创始人张翔将柚木小铺定位为一个生活方式场景提供商。"欲整合，先拆分"，柚木小铺运用超级拆分技术，将全屋定制的整体方案先拆解成五种材质，然后交由大型专业工厂分头定制，实现了跨地区、跨工厂的 JIT 式生产（准时生产）。相较于意大利和德国的进口家居品牌，柚木小铺具有四大优势：设计优势、环保优势、成本优势、时间优势。通过设计，柚木小铺实现了数字化转型，并形成了有效的增加回路，使得会员数大幅上升，成本大幅下降。

四、如何使用材料美学馆

材料美学馆不仅是设计师的一站式选材中心，更是融合设计教育、产品研发和品牌传播的多边平台。在这里，设计师可以选材，可以学习别人的案例，可以利用线下空间为自己赋能，可以找到客户，可以现场办公，与客户签约。

在这里，品牌商可以做宣传，可以找渠道，可以参与新材料的研发。

在这里，业主可以学习，为自己的需求找参考案例，可以比质、比价，因为第三方比较公正，不容易被误导，获得的信息比较全面。

1. 线下交流场所

材料美学馆建立了线下材料图书馆，用于设计师选材，材料商或专家展示、分享材料产品专业知识。线下材料图书馆也邀请设计师分享在项目中运用新材料的案例心得，通过大家的充分交流沟通，产生了更好的合作需求。线下实体新材料的展示，帮助设计师拓宽了视野，在设计项目过程中有更多的想象力，同时设计师提出的材料产品改进或场景使用建议，也能让材料商获得更直接的反馈。通过材料专家库，设计师在项目设计过程中遇到的材料专业难题能快速得到解决，从而更好地在客户面前树立专业形象。对材料商来说，可以更早、更精准地获得客户的资源，通过建立材料供应链数据库，让项目在落地过程中更高效、更有保证，减少了浪费，节约了成本。

2. "专特精新" 产品发布平台

建材家居产品企业每年都要花大量时间、金钱研发新产品，但绝大多数都是自己闭门造车，既没有优秀的设计师团队，也没有跨领域的创新，导致产品同质化问题一直存在。

即使有的企业研发出了新产品，一旦市场接受了，很快就有了模仿跟进的竞争者。绝大多数企业也不具备长期持续研发的实力，因此企业之间的差距无法拉开。而且，即使新产品投入市场，也没有足够的预算能让新产品快速地、在更大范围内被设计师看到并熟悉。推广只能靠销售一家家上门拜访、讲解，时间很长，成本也很高。

材料美学馆因为帮助设计师拓宽认知，同时具备一站式的效率，让新产品可以在很短的时间内被更多设计师知道，同时用设计教育的方法，与设计师建立沟通，成为"专精特新"产品的发布平台。

材料美学馆还成立了材料产品研究院，可以链接高校、社会上的材料研究机构，以及数量庞大的产品设计师和企业，形成材料产品的"产、学、研、用"闭环商业模式，让企业不花钱就拥有全球设计师资源，让设计师能通过知识产权持续获得收益，让高校持续产生产教融合的成果，形成互惠互利的多赢局面。

第八节 每个人都站在"设计＋"的新风口上

一、一切刚刚开始

在过去40年中，中国在经济上实现了几乎史无前例的、大规模的、长期的、高速的增长，但也经历了多次危机。经济的发展伴随着一些传统行业的消亡，在人类历史上一直如此，第一次产业革命时，机器生产替代了手工劳动；第二次产业革命时，人类进入了电气时代；第三次产业革命时，带来了信息技术、新能源技术等的飞速发展；第四次产业革命带来了智能化的时代。每一轮产业革命都带来了社会财富的巨大增长，带来了人类文明的大跃升，每一次产业革命都是一个伟大时代的开始。所以，看到时代的浪潮，我们不能只抱怨波涛滚滚的凶险，也要能看到大海本身就是资源。如同当下的中国，很多人都认为互联网领域的创业已经没有机会了，可是以互联网为基础设施的新品牌、新科技公司依然层出不穷。

以前，在国际大品牌全面碾轧中国的消费品、工业品的时候，因为我们的资本能力、设计能力、产业链掌握度、认知能力等还不够，但是现在整个中国商业的基础能力发生了变化，我们有理由相信这是一个中国原生品牌井喷的时代，一定会孕育出下一个宝洁、雀巢、ZARA、IBM、宜家、苹果……

一切才刚开始。

阿里巴巴集团学术委员会主席曾鸣提出，中国市场的独
特之处，在于有三个阶段的模式同时出现，相互竞争，它们
分别是现有的旧模式（1.0）、新兴的创新模式（2.0）、未知
的未来模式（3.0）。很多行业目前都是三浪并发的局面。从
历史的发展来看，一定是后浪高过前浪。

二、一切共创共享

2012 年，杰里米·里夫金（Jeremy Rifkin）出版的《第
三次工业革命——新经济模式如何改变世界》中就提到：未
来是全新的"合作时代"，第三次工业革命将催生出更多的
共享经济。他认为，传统的市场经济受到物理学"能量守恒
定律"的影响，物质商品生产的边际效应递减规律无法避免，
可再生能源将改变传统封闭的能量守恒定律，形成可持续的
能源体系。同时，互联网技术彻底改变了传统的边际成本效
益规律，形成了全新的"共享经济"模式。

在传统市场经济制度下，产权界定是一切经济活动的基
础，但是在第三次工业革命所开启的合作时代，传统的独占
性财产权观念正被新的、通过社交网络同他人分享的财产观
所取代，也就是说，未来我们从产权意义上占有的物品，在
数量上远不如通过产权或使用权分享使用的物品。也正是在
近十年以来，社会上涌现出了共享单车、共享充电宝、共享
办公、滴滴打车等众多新的商业模式。

在里夫金看来，这种不拥有产权，但是可以分享使用物
品的共享模式，在一个新型的、分布式扁平结构的世界里，

不仅让传统的物品使用逻辑发生了大变化，也让知识产权体系面临瓦解。在互联网技术的支撑下，只要作者愿意，随时可以把自己写的文章免费上传到网络上，无论多少人看到这篇文章，对作者来说，都不会额外增加写作的成本。反而作者与读者的高效连接、互助，可能产生的成本比过去降低了更多。所以，在新的合作时代，越来越多的人可以用近乎零边际成本的方式，通过社交媒体、租赁商和各类型组织进行模式合作。分布式新能源和互联网数字技术的广泛应用，将会促成更多的跨地域、跨领域和跨人群的合作共创、共享。

目前，中国进入了一个供大于求的时代，一方面需要进行供给侧创新，开发新的需求。市场上这类创业公司成功的不在少数，如围绕新消费、特定人群崛起的品牌——钟薛高、王饱饱、自嗨锅、完美日记、蕉内、全棉时代、元气森林、三顿半、野兽派、小狗电器，等等。另一方面，存量市场的闲置资源蕴藏着很多机会，比如，利用闲置货品、工厂等进行效率更高的优化匹配，产生了如爱库存、拼多多这样火箭般快速增长的公司；利用市场需要转型升级及需要被认可、需要成就感的人群，产生了如云集、肆拾玖坊等与一群人共创合作的案例；利用市场上闲置的场地、空间重新进行精细化运营，产生了共享办公、会议、活动、酒店等大量共享之后的共生案例。

三、一切必将实现

在 1817 年，英国古典经济学家大卫·李嘉图（David

Ricardo）发现，当进行社会分工和交换合作的时候，最终创造出来的价值反而更高。他用两个人的交换来比较，两个人做两件不同的事，即使第一个人在两件事上都比第二个人更有能力，可是当他集中精力做他更有能力的第一件事，而让第二个人做自己相对更有能力的第二件事时，他们创造出来的价值，互相交换后合起来反而更多。这个定律说明社会分工、交换、合作会创造利益，从根本上解释了为什么交易合作从古至今都是财富创造的一个重要源泉，会产生 1+1 > 2 的效应。

市场中交换合作的人数越多，创造出来的增量越多，会让市场规模变大。进入现代文明阶段，每一次科技技术革命的产生，都推动了效率的提高，推动市场规模不断累进增长。在这个过程中，还有一个更重要的因素，就是人和人之间的交流学习，尤其是人的知识是可以累积的。知识思想交换时产生的是 1+1 > 4 的效应。当不同的思想进行交换时，交换双方不仅保留了自己的思想，还获得了对方的思想，而且在交流过程中还可以碰撞出火花，创造出全新的想法。知识增长的程度几乎无限，随着信息化技术的发展，一直处在一个爆发的状态，不断促进一个爆炸式累进增长的现代化经济发展。

李嘉图的理论解释了分工、交换、互相融合不仅适合国家之间的贸易交换，同样也适合于企业与企业之间的交易合作，更适合个人与个人、个人与企业之间的融合交换。就像"设计"只有融入其他产业才有可能做大做强，而其他产业只有融入"设计"才能实现新的价值提升。设计思维作为新时代的思维方式，需要渗入每个产业，才能帮助我们应对日益复杂的商业世界，才能用这种全新的思维方式解决难题和挑战，最终获得可持续盈利和发展。

四、一切皆有可能

过去的 20 年，"互联网 +"经历了从链接人与信息、人与商品到人与人的三个阶段。发展到今天，我们可以想象的未来大概是，智能设备无所不在，数字化设施成为基础设施，万物互联，这是一个一切皆有可能的时代。过去，我们已经看到"互联网 +"融入消费、工业、教育、金融、生活健康、农业、能源、社会治理等方方面面，新技术与新需求的持续碰撞，催生了大量改变人类生活与文明的新物种，重塑着商业与人的关系。每一次问题的解决都意味着全新的商业模式的出现，同时伴随着技术革命的到来，如同 5.7 亿年前的寒武纪，也是新物种大爆发的开始。

人类历史上已发生了四次新物种大爆炸，每一次都引发了商业效率的逻辑转变与秩序重置。第一次是"电气"新物种的大爆炸，强电、弱电、内燃机等各种新科技、新发明交相辉映，被迅速应用于工业生产。第二次"信息"新物种大爆炸，电子商务、游戏、掌上电脑、数码相机、线上办公、远程教育等新物种，如雨后春笋般涌现出来。第三次"连接"新物种大爆炸，智能手机、车联设备、微信、抖音、美团等新物种，连接构成了一个与现实社会并存的有形和无形的网络世界。第四次"人工智能"新物种大爆发，产生了无人驾驶、无人机、虚拟助手、语音识别。未来还会产生什么新物种？值得期待和想象。什么时候，我们能足不出户就可以游遍世界？什么时候，我们能够和机器人合体？什么时候，在家就可以解决医疗健康问题？什么时候可以解决太空旅行问题？还有哪些景象是根本无法想象的？

纵观这四次新物种大爆炸，都是把技术变革发展提到导致新物种大爆炸的最重要的位置，但回到原点，我们必须知道，所有的发展都是基于解决人的需求的。人与人之间的情感、交流、思想碰撞产生的创意，是人工智能技术无法取代的，更不要说人们追求生命的意义和使命会创造出多大的潜力。对于企业来说，即使战略无比正确，并且有了具体的行动方法，但如果主导人不适合，大概率也是会失败的。

接下来，我们将进入一个"设计 +"的时代，新的机会层出不穷，新的基础设施也更完善，这时候更需要把人的价值发挥出来，让人们拥有"设计 +"的思维和能力，我们每个人和企业才会一切皆有可能。

五、时不我待

国家已经多次在政府工作报告中明确从粗放式经济发展向高质量经济发展转型，并提出了一系列的战略方向。"设计 +"对驱动产业升级，满足人民日益增长的美好生活需要将起到重要作用。一些经济发达的城市及区域，对此都出台了一系列支持及鼓励政策。在 2022 年初，上海更是把创意和设计产业作为经济转型升级的重要动力。《上海建设世界一流"设计之都"的若干意见》中提出，到 2025 年，基本建成设计产业繁荣、品牌卓越、生态活跃、氛围浓郁的"设计之都"，创意和设计产业总产出保持年均两位数增长率，到 2025 年超过 20 000 亿元，到 2030 年，全面建成世界一流"设计之都"。

整个中国长达 40 余年的持续高速发展及对未来的战略投资布局，让中国商业的基础设施有了巨大的提升，在供应链网络，物流基础设施，信息化、数字化基础设施上，尤其在"互联网 +"的应用上，都处于全球头部行列，这些加上规模优势共同创造了全球最大的消费市场。

人们对美好生活的向往一直都在，而满足好奇心的精神需求需要不断地被"设计"出来，并不断地优化。从吃、穿、住、行到康、养、游、娱等方方面面，围绕着"设计 +"展开，一片广阔无边的蓝海正等待着我们去冲浪。

这是一个伟大的时代，每个人都不应该置身局外，愿每一位企业家朋友，借助"设计 +"的力量，把握天时、地利、人和，抓住属于自己的机会，再创企业的辉煌。愿每一位企业家朋友，用"设计 +"引领自己的企业进入世界级竞争之中，实现中华民族伟大复兴，向世界交付自己的价值！

参考书目

周导 . 逆向盈利 [M]. 北京：中国商业出版社，2019.